Sex
&
der Spirituelle Kerl (c

PLUS

Ur-Kraft Tantra
Ein Leitfaden & Instruktionen für tantra-tantrischen Sex

von Jon Peniel

Titel der Originalausgaben

Sex
&
the Spiritual Guy (or Woman)

by Jon Peniel
© 2001 Windsor-Hill, Inc.
First Printing
ISBN # 0-966015-6-7

Primal Power Tantra
A guide & instructions for tantra-tantric sex

by Jon Peniel
ISBN# 0-9660015-7-5
© 2001 Windsor-Hill Inc.

Erhältlich auf www.lulu.com/spotlight/thegoldenrule

Übersetzung ins Deutsche: Shirley Gracey

6. Ausgabe: ISBN 978-1-291-40698-6

© 2022 by Shirley Gracey.

Druck: www.lulu.com

Anmerkung des Übersetzers

Diese Übersetzung soll dazu beitragen, den Inhalt des amerikanischen Originals, von dem es bis dato keine mir bekannte Übersetzung ins Deutsche gibt, auch an diejenigen zu übermitteln, die keine oder nur wenig Englischkenntnisse haben. *[Für diejenigen mit guten Englischkenntnissen empfehle ich, das Original auf Englisch zu lesen.]*
Jon Peniel (siehe bezüglich des Namens auch das Edgar Cayce Reading #3976-15) wurde in erster Linie bekannt durch sein Buch "The Lost Teachings of Atlantis" [Die Verlorenen Lehren von Atlantis]. Er schildert darin u.a. wie er in seiner Jugend zu einem legendären vor-Buddhistischen Kloster geleitet wurde, das sich in einem abgelegenen Tal in Tibet befand. Er präsentiert darin erstaunliche Enthüllungen aus unserer persönlichen Vergangenheit, die ihm von den dortigen Mönchen gelehrt wurden, und erzählt auch über einige seiner Erlebnisse, nachdem er das Kloster nach seiner Initiation als Adept Mönch wieder verlassen hatte. In seinen Booklets und anderen Büchern lässt er dich an weiteren faszinierenden persönlichen Erlebnissen teilhaben, was dir noch mehr Einblick in sein (und unser aller) Leben geben wird.
Ich übersetze diese Booklets und auch die anderen seiner Bücher/Booklets [erhältlich auf www.lulu.com/de/spotlight/shirleygracey] nicht für Geld. Ich übersetze sie, weil mir seine Bücher/Booklets **sehr** dabei geholfen haben, mein Bewusstsein zu erweitern, und ich hoffe, ich kann dir durch diese Übersetzung den Inhalt des englischen Originals auf verständliche Weise vermitteln. Die Einnahmen aus dem Verkauf werden verwendet, um humanitäre und/oder Naturschutzorganisationen zu unterstützen und um diese Lehren zu fördern.
Ich habe mich bemüht, diesen "Schreibstil" so gut wie möglich rüberzubringen und habe mich nahe an das Original gehalten. Zusätzlich, damit man bestimmte Termini (Fachausdrücke) besser versteht oder darüber nachlesen kann, habe ich manchmal Anmerkungen [und Hyperlinks in der eBook Version] oder das englische Wort oder eine alternative Übersetzung in geschweiften Klammern hinzugefügt. Es erleichtert es, das Verständnis dafür zu vertiefen.

Nimm dir Zeit zum Arbeiten – es ist der Preis des Erfolges.
Nimm dir Zeit zum Denken – es ist die Quelle der Kraft.
Nimm dir Zeit zum Spielen – es ist das Geheimnis ewiger Jugend.
Nimm dir Zeit zum Lesen – es ist der Brunnen der Weisheit.
Nimm dir Zeit, freundlich zu sein – es ist der Weg zum Glück.
Nimm dir Zeit zum Träumen – es bringt dich den Sternen näher.
Nimm dir Zeit zu lieben und geliebt zu werden – es ist das Privileg der Götter.
Nimm dir Zeit, dich umzuschauen – der Tag ist zu kurz, um selbstsüchtig zu sein.
Nimm dir Zeit zum Lachen – es ist die Musik der Seele.

Irische Weisheit

INHALTSVERZEICHNIS

Teil 1 – Sex & der Spirituelle Kerl (oder Frau) – ein Leitfaden für spirituelle Sexualität

Teil 2 – Ur-Kraft Tantra – Ein Leitfaden & Instruktionen für tantra-tantrischen Sex

Über den Autor:

Jon Peniel ist ein Amerikaner, der Jahre in einem einzigartigen vor-Buddhistischen Kloster verbrachte. Seine Expertise umfasst alle bekannten Formen von Tantra/tantrischem Sex aus verschiedenen Kulturen. Er hat die Formen des Tantra, die an dem Kloster unterrichtet wurden, persönlich beherrscht (3-jährige traditionelle Ausbildung und dann jahrzehntelanges Praktizieren).

Jon Peniel trat in das Kloster ein, während er noch ein Teenager war. Dort wurden ihm auch die spirituellen Lehren und Praktiken von den meisten Traditionen und Kulturen der Welt beigebracht. Er studierte antike Lehren und praktizierte Tantra, Meditation und Yoga, schlussendlich erreichte er den höchsten Grad von spiritueller Errungenschaft im Alter von 21.

Peniel schrieb in den späten 1990ern ein Buch über die antiken Lehren des Ordens. Es wurde in der unabhängigen Presse ein Bestseller in den USA und in Israel. Er ist jetzt das internationale "Oberhaupt" des Ordens und lehrt vor allem in Nordamerika.

Das Kloster befand sich in einer Gegend von Tibet, die von der Bevölkerung Tibets und sogar von den dortigen Buddhisten als "verboten" betrachtet wurde. Es verblieb für die Außenwelt unbekannt, als bis vor kurzem Peniel ein Buch über seine Erfahrungen dort schrieb, welches ihre Lehren und ihre Abstammung enthüllt.

Selbst der Bereich, wo das Kloster lag, war ein Mysterium und Paradox – ein sub-tropisches Tal inmitten der hohen vereisten Himalajas. Es war ein Teil der Welt, der noch nie zuvor durch "Außenstehende" dokumentiert wurde, bis es schließlich Forscher vom National Geographic vor ein paar Jahren nach dorthin schafften. {Anm. des Übers.: Das war 1998}

Der verstorbene berühmte Hellseher Edgar Cayce sprach während der Jahre, als er die psychischen Readings gab, viele Male von dem obskuren spirituellen Orden, dem Peniel angehört. Cayce, manchmal auch "der schlafende Prophet" genannt, weil er seine Readings während einer außerkörperlichen Erfahrung oder eines Trancezustands gab, war der meist dokumentierte Hellseher auf der Welt. Interessanterweise prophezeite Cayce auch die zukünftige "Ankunft" eines spirituellen Boten/Lehrers namens Peniel.

{Anm. d. Übers.: Die englische Bezeichnung des oben genannten Ordens ist "The Children of the Law of One". Er wird in vielen Cayce Readings erwähnt. Readings werden die Deutungen/Mitteilungen genannt, die Cayce im Trancezustand gab. "Reading" bedeutet wörtlich übersetzt "Lesung/Deutung". Bei Edgar Cayce kann es Prophezeiung, Prognose oder Diagnose bedeuten.}

Sex und der Spirituelle Kerl (oder Frau)

Dieses Buch hat zwei Kategorien von Lesern. Zu einer Kategorie gehört die Person, die nur ein besserer Liebhaber werden will, die ihr Sexualleben und ihre sexuellen Fähigkeiten verbessern will, und dem Ganzen vielleicht eine tiefere Dimension geben will. Zur anderen gehören diejenigen, die auf einem spirituellen Pfad sind und die Sex entweder als weiteres Hilfsmittel für spirituelle Entwicklung verwenden wollen, oder die den besten Weg finden wollen, um Sex in einem spirituell orientierten Lebensstil zu integrieren.

Da ich für beide Arten von potenziellen Lesern zu schreiben habe, will ich mich im Voraus bei jeder Gruppe für die Teile meines Schriftstücks entschuldigen, die nicht spezifisch für deine besonderen Ziele sind. Allerdings *wirst* du finden, wonach du hier suchst – unabhängig davon, ob es das Nonplusultra bei spiritueller Sexualität ist oder ein neues Verständnis, das zum besten Sex hinführt, den du je hattest.

In diesem ersten Buch von der Serie über spirituelle Sexualität werden wir die grundlegenden biologischen, psychologischen und spirituellen Fragen zum Thema Sex erörtern, und die verschiedenen Einstellungen und Herangehensweisen der Leute darüber.

Im zweiten werden wir die verschiedenen Methoden des tantrischen Sex behandeln, die positiven und negativen von jeder, und geben detaillierte Instruktion bei dem, was wir festgestellt haben, dass es die beste Methode ist (und begründen es dir, damit du selbst entscheiden kannst).

Doch zuerst ein Wort von unserem Sponsor (SEX).

Neu und Verbessert (Sex)!

Bekommt das deine Aufmerksamkeit, tut es das nicht? Natürlich tut es das – das Konzept von Sex ist eingebunden.

Wenn du willst, dass jemand etwas beachtet, etwas ansieht, etwas anhört, etwas kauft, gibt es keinen besseren Weg, um dein Ziel zu erreichen, als irgendwie "Sex" darin einzubinden. Und es ist kein Zufall, dass wir es so verlockend finden. Es ist in der Tat verlockend, ganz gleich, ob wir "für" oder "gegen" Sex sind. Warum?

Ganz gleich, was deine Meinung über Sex ist (oder von sonst jemandem), die Tatsache, dass sich "alles nur um ihn dreht", ist unumgänglich. Die ganze Natur, Pflanzen, Tiere, Menschen, Elektrizität, Magnetismus, Planeten, Sterne – der Kosmos selbst, folgen "sex-ähnlichen" Verhaltensregeln und scheinen in der Tat damit beschäftigt zu sein, was wir sexuelle Aktivität nennen könnten.

Es ist eine so offensichtlich wichtige und fundamentale Kraft, die jedoch oft irgendwo zwischen lediglich peinlich bis hin zu sündhaft und schlecht angesehen wird. Für jene, die sich vor allem damit befassen, ein spirituelles Leben zu leben, oder die die spirituellen sexuellen Disziplinen des tantrischen Yoga/Tantra Yoga praktizieren, bekannt als Tantra oder tantrischer Sex, ist es ein noch wichtigeres Thema.

Unser Ziel in diesem Buch ist es daher, zu überdenken, ob, wo und/oder wie Sex zur "menschlichen" Spiritualität "passt". Aber bevor wir das tun können, sollten wir wahrscheinlich definieren, *was ein Mensch ist* und *was Sex ist*. Wow, haben wir aber immer eine Menge Fragen und "Sachverhalte" zu diskutieren.

Fragen der Balance

Beginnen wir mit diesen:

Ist Sex schlecht?
Ist Sex gut?
Ist Sex spirituell oder fleischlich?

Natürlich wirst du auf diese Fragen unterschiedliche Antworten erhalten, je nachdem wen du fragst. Die meisten von euch werden zu den obigen Fragen über Sex gemischte Ansichten haben. Selbst jene von euch, die glauben, dass Sex gut und/oder spirituell ist, werden wahrscheinlich ein paar "unterbewusste Dämonen" in ihren Kopf herumrennen haben, die sagen, dass "es schlecht und tierisch ist".

Da ich jetzt gerade hier der Einzige bin, und das Buch schreibe, schätz ich mal, ich werde meine Antworten geben. Meine Antwort auf die ersten beiden Fragen ist die gleiche – *ja und nein*. Meine Antwort auf die dritte Frage lautet, "beides".

Die Antworten sind eine sehr einfache, jedoch paradoxe Wahrheit aufgrund einiger Sachverhalte. Der erste ist, es "kommt" ganz "darauf an". Verzeih, wenn ich dir mit all dem "Zen" daherkomme, aber wie bei allen

Paradoxen wird es oftmals verwirrend erscheinen, wenn du versuchst, es alles "linkshirn-logisch" festzulegen, "Schwarz & Weiß" (mit einer "Ja"- **oder** "Nein"-Antwort auf jede Frage zum Beispiel). Wenn du aber vom Versuch loslässt, die eine oder andere Seite zu ergreifen, oder vom Versuch, die Widersprüche gesondert mit deinem intellektuellen Verstand in Einklang zu bringen, dann kannst du es intuitiv als "Ganzes" verstehen, als "Einsheit". Dann erhältst du die echte Wahrheit oder die echte Realität.

Anders sieht es aus, wenn du auf klarer definierte, logische schwarz-weiß Antworten bestehst, dann wären wir gezwungen zu sagen, dass die Antworten auf die obigen Fragen im Grunde genommen sein können: a) Jede der obigen Antworten; oder b) Eine Mischung der obigen Antworten. Was bedeutet das?

Die "Gutheit" oder "Schlechtheit" von Sex hängt immer davon ab, wie Sex eingesetzt (oder nicht eingesetzt) wird, sowie von den Umständen und vom Bewusstsein der Person oder der Leute, die beteiligt sind.

Zum Beispiel kann ein Auto dazu eingesetzt werden, um an gute Orte zu reisen/um gute Dinge zu tun oder um an schlechte Orte zu reisen und um schlechte Dinge zu tun. Ein Auto kann jemanden in ein Krankenhaus bringen oder jemanden überfahren. Kann man deshalb sagen, dass ein Auto an und für sich (abgesehen von den Umweltproblemen) gut oder schlecht ist? Nein. Geht es nicht vielmehr darum, wer es fährt, was deren Absicht ist, und was sie mit dem Auto tun? Also zu fragen, ob ein Auto nun schlecht oder gut ist, ist eigentlich nicht das Stellen der richtigen Frage. Und der erste Schritt in Richtung irgendeiner Lösung ist das Definieren des Problems – das Stellen der richtigen Frage.

Also zu fragen, ob Sex nun gut oder schlecht ist, ist ebenfalls nicht die richtige Frage.

Das Definieren deiner sexuellen Anschauung

Manche stellen sich einen Körper vor wie einen "Tempel", wie ein Gefäß oder Vehikel für den Geist/die Seele. Für andere ist er etwas, um als Vehikel für das Selbst eingesetzt zu werden, für selbstsüchtige Interessen. {Mit "Selbst" ist das Ich/die eigene separate individuelle Identität/das Ego einer Person gemeint.}

In beiden Fällen jedoch verwenden wir unsere Körper wie Vehikel, genauso wie wir ein Auto verwenden. Wir sind die "Fahrer", und wir kontrollieren unser Gehirn und unseren Körper.

Wenn wir also darüber nachdenken, ob Sex gut oder schlecht ist, müssen wir gleichsam "im Zusammenhang" davon denken – wir müssen in Betracht ziehen "wer" zu der Zeit "fährt", warum, was getan wird und was die Konsequenzen sein werden.

Hier ist eine Auflistung von einigen Fragen, um dir zusätzlich zu helfen, deine sexuelle Anschauung zu definieren:

1. Wenn du glaubst/empfindest, dass Sex "schlecht", "sündhaft" oder "spirituell" ist, was genau ist *deine* Definition von jenen Dingen?

2. Wenn du denkst, er ist schlecht oder sündhaft, was macht ihn so?

3. Wenn du glaubst/empfindest, dass Sex eine positive spirituelle Sache ist, was macht ihn so?

4. Ist das, was du dir unter Sex vorstellst, physikalisch, mental, emotional oder spirituell konstruktiv? Oder Destruktiv?

Ich werde diese Themen später noch ausführlicher erörtern, aber zunächst möchte ich dir eine persönliche Geschichte aus meiner Vergangenheit erzähle, die sich darauf bezieht, wie ich mit Spiritualität und Sexualität umging, als ich jung war.

Meine Frühen Ansichten Über Sex (und die meiner Mutter)

Ich war ein ungewöhnlicher Teenager. Mein primärer Fokus lag auf der Suche nach einer Antwort auf meine Fragen über die Schöpfung, das Leben, den Tod und über die Existenz des Universums und von Gott. Den Großteil meiner Freizeit verbrachte ich auf der Suche nach Wahrheit und nach Antworten, die wirklich Sinn machten.

Damals war ich so fest davon überzeugt, dass Sex, ja sogar sexuelle Gefühle, so "NICHT-spirituell" seien, dass es meine Beziehungen zerstörte. Dennoch wurde ich stark in Richtung Sex getrieben und masturbierte auch sehr viel (bis ich meinen Pfad fand). Es war offenbar wirklich ein innerlicher Konflikt.

Wieso habe ich das geglaubt und habe mich auf diese Weise verhalten? Da gab es eine Reihe von Gründen.

Die Religion, mit der ich aufwuchs, betrachtete Sex als höchst sündhaft – es war nur OK für die Fortpflanzung innerhalb der Ehe (innerhalb bestimmter Grenzen), und selbst dann sollte es eigentlich nicht genossen werden. Offenbar beeinflusste mich das und ich erhielt "Programmierung" davon. Hinzu kam, dass ich zu jener Zeit an die Lehren meiner Kirche glaubte und sie blindlings akzeptierte. Deshalb begann sich aus dieser Programmierung ein "Schuldgefühl-Trip" zu entwickeln. {Anm. d. Übers.: Als Randbemerkung in Bezug auf den letzten Absatz – kennst du den Film "Die unbarmherzigen Schwestern"?}

Meine Mutter, die auch von der gleichen Religion war (aber darüber hinaus ihre eigene Prüderie hatte), beeinträchtigte ebenfalls meine Programmierung. Die "stille Programmierung", die ich von ihr erhielt, war sogar noch bedeutender, weil sie nie über das Thema Sex sprach – **niemals**. Und da Sex etwas SO Schreckliches, **so** Schlechtes war, dass "nicht einmal darüber gesprochen werden durfte", sandte das eine sehr starke Botschaft aus. Sie gab mir allerdings, als ich 14 war, ein "Sexualkunde"-Buch. Sie gab es mir schweigend (und mit großer Verlegenheit) und wendete sich einfach ab und ging davon. Das Buch hieß "Ein Arzt spricht mit einem 12 bis 13-Jährigen". Bei all dem, was es genutzt hat und wie wenig du über Sex aus ihm rausbekommen konntest, hätte es statt eines "Sexualkunde"-Handbuchs auch ebenso gut ein auf Japanisch geschriebenes Motorrad-Reparaturhandbuch sein können.

Manche von euch haben ähnliche "Botschaften" in unterschiedlichem Maße von Eltern oder Kirchen erhalten und manche nicht.

Als Nächstes hat mir die Gesellschaft selbst Botschaften über Sex gesendet, indem sie eine Unzahl an Gesetzen machten, die uns eigentlich erzählen, dass Sex eine schlechte Sache ist und dass insbesondere Kinder davor geschützt werden müssten, um es zu hören, es zu sehen oder eben darüber Bescheid zu WISSEN. Du konntest im Fernsehen ansehen, wie jemand gewaltsam getötet wurde – aber MEIN GOTT, ZEIGT JA KEINE BRUST!!! {Anm. d. Übers.: siehe Nippelgate}

Gleichzeitig aber haben andere Botschaften dem widersprochen und machten **deutlich,** dass Sex eine SEHR wünschenswerte Sache war. Sex war überall. Er wurde eingesetzt und gefördert, um vom Geschirrspüler bis zu Zeitschriften alles zu verkaufen. Er wurde auch eingesetzt, um die Attraktivität und Beliebtheit von TV-Shows zu erhöhen, von Filmen, Live-Shows und Komödien.

Unsere Gesellschaft sendet uns also gemischte Botschaften, dass Sex nicht nur schlecht, sondern auch gut ist.

Obwohl Gesetze gegen das Aussprechen bestimmter Wörter, gegen Nacktheit, gegen bestimmte Formen von Sex, gegen Prostitution, sexuelle Literatur, Zeitschriften, Fotos oder sonst was das mit Sex zu tun hatte, mir Botschaften übermittelten, dass es schlecht sei, übermittelten das wirkliche Leben und meine eigenen körperlichen Triebe mir Botschaften, dass es sehr gut und wünschenswert sei.

Die gemischten Botschaften waren überall und ließen jeden, einschließlich mir, zumindest innerlich verwirrt und in unterschiedlichem Maße mit innerlichen Konflikten zurück.

Nur eines von vielen Beispielen über die Resultate dieser Verwirrung und von diesem Konflikt ist, dass die meisten Leute Sex haben wollen, und dass die meisten Leute Sex haben, jedoch "verstecken" sie sich, wenn sie Sex haben (sie wollen nicht, dass sie jemand dabei sieht oder hört, wenn sie diese abscheuliche Tat tun, die sie so genießen). Und sie fühlen sich im Allgemeinen auf die eine oder andere Weise schlecht darüber, Sex zu haben (selbst wenn es nur unterbewusst ist). Kein Tier hat einen solchen Konflikt oder so ein Schuldgefühl.

Was ist das Schlimmste, das du zu jemandem sagen kannst, auf den du wütend bist oder den du hasst? – "Fick Dich!"

Wie kann etwas so Wünschenswertes und etwas, das so wunderbar sein kann, als so abscheulich erachtet werden, dass es *das schlimmste* Schimpfwort werden würde? Warum wird eines der *liebsten Dinge,* das die Erwachsenen genießen, an dem sie Freude haben und das sie gerne tun, so intensiv vor Kindern versteckt – als ob es sie zerstören würde?

Ganz klar, dass da etwas falsch ist. Einmal als ich ein Kind war, versuchte ein Kerl einen Streit mit mir vom Zaun zu brechen, und sagte "Ich fickte deine Mutter!" Glücklicherweise ließ ich mich von ihm nicht auf die Palme bringen (oder gar provozieren) und sagte zu ihm nur zurück, "Das ist **dein** Problem". Er war durch meine Antwort so verwirrt, dass er mich einfach in Ruhe ließ und seines Weges ging.

Aber selbst ohne dass mein Verstand durch all die gesellschaftlichen Botschaften und durch familiäre/religiöse Programmierung geprägt war, machte ich auch meine eigenen Beobachtungen, welche überdies eine Empfindung/Überzeugung bestärkten, dass Sex eine negative Kraft sei. Ich bemerkte, dass wenn Männer "lüstern" wurden, dass es oftmals etwas Unangenehmes in ihnen hervorbrachte. Es fühlte sich "schmierig" an, "kehlig {guttural}" und fühlte sich sogar an, als ob es gefährlich oder am Rande von irgendeinem gewalttätigen Verhalten sein könnte.

Es stimulierte definitiv ihre selbstsüchtige Natur und verminderte ihre spirituelle und fürsorgende Natur. Es schien den subtilen Auswirkungen des Alkohols oder sogar dem des sich völligen Betrinkens, ähnlich zu sein. Und natürlich waren Vergewaltigung, Kindesmissbrauch und andere schreckliche Dinge auch alle mit sexuellen Trieben und/oder mit Gewalt verbunden.

Ich hatte sogar eine Jugendfreundin, die als Kind sexuell missbraucht wurde, und als sie 18 wurde, bekam sie eine Stelle als Oben-ohne-Bedingung in einer Cocktail-Bar. Dort traf sie einen "netten" Kerl, mit dem sie sich einließ. Er gab ihr kostenlos Drogen und schöne Sachen. Schließlich führte er sie zum Heroin, das er ihr auch zum "Nulltarif" gab. Ehe sie sich versah, stellte er sie auf die Straßen raus, um für ihn als Prostituierte zu arbeiten. Das war das Letzte, was ich noch von ihr hörte.

Deshalb vermittelte mir der Großteil meiner persönlichen Erfahrungen und Programmierung einen ziemlich starken Eindruck, dass Sex schlecht war und dass Sex und Spiritualität definitiv nicht Hand in Hand gehen. Doch da gab es ein großes "Aber", das auf seine Chance wartete.

Das Große Aber {but} (nicht Großer Po {butt} – Denk nicht so schmutzige Sachen)

{Im Orig.: "The Big But (not Big Butt ...)" – Das ist ein Wortspiel; "But" bedeutet normalerweise "Aber" – ausgesprochen als "Butt" bedeutet es "Po".}

Aber... eines Tages, als ich meditierte, geschah etwas Wunderbares. Meine "Augen" wurden plötzlich für die "Funktionsweise des Universums" geöffnet – die von aller Schöpfung. Ich erkannte zutiefst, wie alles in der einen oder anderen Form mit Dingen wie "Anziehung" und "Energieaustausch" in Beziehung stand. Sex treibt das Universum an.

Warum wird ein Planet von einer Sonne angezogen?
Gravitation, sagen sie. Und was ist Gravitation? "Gute Frage", sagen sie. Aber nur wenige wagen eine Antwort. Könnte es etwas Ähnliches sein, weshalb Menschen zueinander angezogen werden, allerdings auf irgendeiner "großen kosmischen Schema der Dinge"-Ebene oder sowas? Ja. Diese Anziehung und dieser Energieaustausch zwischen Dingen wie Sternen und Planeten ist die Art und Weise, wie neues Leben hervorgebracht wird, wie neue Schwingungs-/Existenzebenen erschaffen werden. Und warum bringt die Vereinigung und

Interaktion der Kräfte von Planeten und der Sonne neues Leben hervor? Im Grunde handelt es sich um "Sex" (in irgendeiner Form, welche die meisten Leute nicht unbedingt als Sex verstehen). Doch es ist Sex, Fortpflanzung, "Liebe machen" auf verschiedenen Schwingungsebenen. *All die Lebensformen* innerhalb dessen, was wir "Natur" nennen, sind nur die Kinder von der Beziehung und Interaktion zwischen der Erde und der Sonne. Du kannst einen sogenannten "wissenschaftlichen Standpunkt" einnehmen und schicke Wörter verwenden – wie Gravitation, Trägheit, Photosynthese etc., etc., aber unterm Strich bleibt festzuhalten, dass es *Anziehung, "Ankopplung"* und *Energieaustausch* ist. Und anschließend die Geburt von neuem Leben und anderen Schwingungsoktaven {Vibrationsoktaven}.

Was ist denn Gravitation im Grunde genommen? Was ist Photosynthese und warum existiert sie? Es handelt sich um die Essenz des Lebens, um die treibenden Kräfte bei der Funktionsweise und Harmonie des gesamten Universums. Es ist folglich etwas, das jedes Leben erfährt. Und Menschen sind Teil von der Gesamtheit des Lebens.

Quasi die ganze Schöpfung, einschließlich allem in der Natur (was wir als Lebensformen bezeichnen wie Pflanzen und Tiere), hat auf irgendeine Weise Sex (und ohne Scham).

Selbst Korallenriffe haben während eines besonderen Vollmonds einmal im Jahr Sex! Selbst Lebensformen, die du als mono-sexuell bezeichnen könntest (jene, die sich selbst reproduzieren können), machen es noch so, weil sie beiderlei entgegengesetzte Geschlechtelemente innerhalb eines "Körpers" haben. {Anm. d. Übers.: Siehe auch Hermaphroditismus, eingeschlechtliche & ungeschlechtliche Fortpflanzung.} Und wie ich gerade erwähnte, je nachdem, wie du es betrachtest, "haben" die Sonne und die Planeten, die unzähligen Sonnensysteme und das ganze Universum selbst, alle "Sex" – die ganze Zeit.

Alle Dinge teilen dies gemeinsam. Ihre Existenz, ihre Funktionen, ihre Handlungen und ihre Fortpflanzung {Zeugung, Prokreation} basieren auf Polaritätsinteraktionen – Sex – sowohl auf mikro-kosmischen Ebenen wie auch auf makro-kosmischen Ebenen.

Warum denkst du, dass Wissenschaftler die populäre Theorie über den Ursprung des Universums "den großen Bums {the big bang}" nennen (sorry, konnte dem Witz nicht widerstehen {Anm. d. Übers.: Bang [Knall] kann ugs. auch "Bums" bedeuten}). Aber vielleicht ist es gar nicht so weit von der Wahrheit entfernt – sie verstehen einen Teil des Bildes, aber nicht das ganze Ding (denn es kann nicht vollständig verstanden werden, indem man nur die intellektuelle Fähigkeit unserer begrenzten Gehirne nutzt – es erfordert die Fähigkeit, darüber hinauszugehen).

Leider hat selbst diese Offenbarung, die ich während der Meditation erhielt, meine negative Programmierung in Bezug auf Sex nicht beseitigt. Ich war erst davon frei, als ich letztendlich von meinem "selbstsüchtigen abgetrennten Selbst" frei war und von all der unterbewussten Programmierung, die damit verbunden war.

Sogar der große Physiker Albert Einstein teilte uns Dinge mit, die sich auf dieses Thema bezogen. Ich las vor vielen, vielen Jahren ein Buch mit Zitaten von ihm und über seine spirituellen Überzeugungen. Ich bin mir jetzt ein bisschen im Unklaren darüber, aber ich denke, dass seine abschließenden Worte waren:

"Die größte Kraft im Universum ist die Liebe."

Wenn es nicht so wäre, sollte es *jemand* sagen.

Einstein sagte auch, "Man braucht nie weiter als bis 4 zählen". Dieser kryptische Kommentar führte mich zu der Annahme, dass er das metaphysische Prinzip von "Jod-He-Vav-He" verstand. Welches uns interessanterweise zurück zum Sex bringt.

Jod-He-Vav-He ist gemäß den antiken Lehren der älteste bekannte Name für Gott und ist "der Schlüssel, um die Schöpfung und das Universum zu verstehen". Es repräsentiert symbolisch & mathematisch den tatsächlichen Prozess der ganzen Schöpfung. Und yep, es repräsentiert Sex und Fortpflanzung und den spirituellen Prozess hinter all dem – von einem Frosch bis zur Galaxie. (Für eine vollständige Erklärung von diesem "Wort/Namen von Gott"/Konzept/Schlüssel, lies "Die Kinder von dem Gesetz des Einem & Die Verlorenen Lehren von Atlantis".)

Gegensätze ziehen sich an, doch wenn sie Nicht im Gleichgewicht sind...

Elektrizität, Atome, Magnete etc., beinhalten alle positive/negative Ladungen – das ist, was hinter ihrer Anziehungskraft, ihrem Energieaustausch etc. steckt. Planeten, Sterne und Menschen funktionieren im Grunde genommen auf die gleiche Art & Weise, allerdings nicht auf so eine "eindeutige", leicht beweisbare oder genau bestimmbare Art. Aber es ist ziemlich offensichtlich, wenn du deinen Verstand öffnest.

Deshalb lass uns für unsere Zwecke bei dieser Diskussion einfach übereinstimmen, dass die Essenz {der Wesenskern} eines Mannes die gegenteilige Polarität dessen ist, was eine weibliche Essenz ist. Sie sind essenziell "gegensätzlich geladen" und daher in gewisser Weise entgegengesetzt. Und jene essenziell "entgegengesetzten" innerlichen Dinge, die bei ihnen den Unterschied ausmachen, verursachen außerdem viele äußerliche Differenzen. Es sind jene entgegengesetzten Charakteristiken, die sowohl hinter der *Anziehungskraft* zwischen den Geschlechtern stecken *als auch* hinter den Problemen – wie etwa die mangelnde Fähigkeit eines Geschlechts, die Empfindungen, das Denken und das Verhalten des entgegengesetzten Geschlechts zu verstehen (du weißt schon, das ganze "Männer sind vom Mars, Frauen von der Venus"-Gehabe). {Anm. d. Übers.: Bezogen auf ein gleichnamiges Buch von John Grey – "Men Are From Mars, Women Are From Venus"}

An dieser Stelle fragen sich wahrscheinlich einige homosexuelle Leser, "und wie passen Homosexuelle da hinein?" Ich kann hier nicht wirklich darüber ins Detail gehen, weil es viel zu komplex ist und es ein weiteres Buch erfordern würde, um es ordnungsgemäß zu thematisieren. Aber im Grunde hängt es von deiner innerlichen Polarität ab – und die zu bestimmen geht hinein in Reinkarnation, Motivation, Karma, Gebrauch des Verstandes etc. Du kannst es nicht wirklich verallgemeinern. Zum Beispiel glaube ich an Reinkarnation. {A.d.Ü.: bzgl. Reinkarnation siehe bspw. das Cayce Reading 364-1 oder die vielen Lebensreadings, die er gab. Manchmal wurde dabei angegeben, dass Frauen auch eine Inkarnation als Mann hatten, und umgekehrt.} Ich kenne einige homosexuelle Leute, die tatsächlich in verschiedenen Lebenszeiten die Geschlechtlichkeit wechselten, um aus verschiedenen Gründen die eine oder andere Erfahrung zu machen. Ich kenne eine Person, die auf der innerlichen Ebene ein homosexueller Mann im Körper einer Frau ist – denk für eine Weile darüber nach, wenn du eine Denksportaufgabe brauchst oder Kopfschmerzen willst. Wie ich schon sagte, zu komplex, um sich hier damit zu befassen.

Um auf das Thema der männlichen/weiblichen "Gegensätze" zurückzukommen – warum gibt es keine intellektuelle, emotionale und mentale Harmonie zwischen den Geschlechtern? Und warum gibt es so viel Schuldgefühl und Verurteilung rund um Sex?

Die Fundamentale Kernfrage – Wer SIND Wir?

Wenn du glaubst, dass wir Geister sind – dass wir Seelen haben (was, wie ich annehme, die meisten, die dies lesen, tun) – dann ist das hier die große, atemberaubende Wahrheit, die sich bei ALLEN Dingen (einschließlich Sex) auf die menschliche Rasse auswirkt und sie zu dem macht, was sie ist, sodass du es dir vielleicht merken oder an deine Wand heften möchtest.

Wir sind spirituelle Wesen, die tierische Körper bewohnen.

Menschen sind nicht bloß Tiere. Deshalb haben wir nicht die natürliche Unschuld und die Instinkte, die sie haben. Menschen sind auch nicht bloß engelhafte Lichtwesen, die bewusst mit dem Universalen Geist/Gott verbunden sind. Deshalb haben wir auch nicht die Freiheit, die kristallklare Intuition und den inneren Frieden dieses Pakets. Wir sind eine "Promenadenmischung" {im Orig.: mutt - i.d.R. die Bezeichnung für einen Hundemischling infolge unplanmäßiger Kreuzung}, eine Mischung aus den Zweien, und unglücklicherweise ist die Mischung eine schlechte. Es bringt uns viele unterschiedliche Probleme – von denen Sex nur eines ist.

Das Problem Hinter All den Problemen

Manche von euch haben meine anderen Bücher gelesen und sind daher bereits mit den allumfassenden metaphysischen Konzepten über das Leben, die Existenz etc. vertraut, die in den antiken Lehren, worauf unser spiritueller Orden basiert, zu finden sind. Aber für jene, die das noch nicht getan haben, werde ich eine kurze Zusammenfassung geben, damit man es besser versteht, was wirklich *hinter* dem Sex/Schuldgefühlproblem steckt.

Die antiken Lehren (und nunmehr ein großer Teil der modernen Wissenschaft) besagen, dass alle Dinge im Universum auf verschiedenen Frequenzen vibrieren {schwingen}, welche unterschiedliche "Ebenen" der Existenz erschaffen. Ein grobes Beispiel ist Wasser – auf unterschiedlichen

Vibrationsebenen, kann es als Dunst (Feuchtigkeit/Dampf), als Flüssigkeit (Wasser) oder als Festkörper (Wassereis) existieren. Die Lehren besagen auch:

Die Essenz {der Wesenskern} von einem menschlichen Wesen ist eine Seele/ein spirituelles Wesen, das schwingungsmäßig in die hohe Schwingung (schnelle Schwingung) spiritueller Bereiche gehört und in einem tierischen Körper gefangen ist, der in der langsamen Schwingung physischer Bereiche lebt.

Was also geschah mit uns? Warum leben wir hier in den langsamen, groben physischen Materieebenen von Schwingung/Existenz? Die Gründe sind komplex, und wenn du es verstehen willst, solltest du die "Verlorenen Lehren von Atlantis" lesen, da ich das Thema hier in diesem Booklet über spirituelle Sexualität nicht gründlich genug behandeln kann.

Es macht es auf jeden Fall leichter, die Idee zu begreifen, wenn du dir das so vorstellst – wir waren einmal so etwas wie Engel, die beide Polaritäten innerhalb von uns enthielten – männlich und weiblich. Wir waren ein "ausgewogenes" Wesen. Aus welchem Grund auch immer (wofür wir hier keine Zeit haben), "fielen" wir aus unserem höheren (schnellen) Schwingungszustand der Existenz von Energie und Licht hinein in die langsamere/niedrigere Schwingungsexistenz von physischer Materie. Wir hatten einen "Schwingung- und Bewusstseinsfall" aus einem spirituellen Zustand der Existenz hinein in den physischen Zustand, der hier auf der Erde vorherrschend ist. Das, was wir wirklich sind, eine "Seele"/ein "Geist", wohnt jetzt in tierischen Körpern und ist mit ihnen "vermischt".

Bedauerlicherweise ist das noch nicht alles. Im Zustand von hoher Schwingungsenergie, in dem wir einmal existierten, ist alles "Eins" im Universum. Denn Tatsache ist, alles im Universum ist Energie, und es ist alles Eins. Dies ist eine Tatsache der Physik, der Metaphysik und ist eine gemeinsame Prämisse {Voraussetzung, Grundlage} von Spiritualität. Die physische Ebene ist aber ein Bereich von Dualitäten und Abgetrenntheit, nicht Einheit. Deshalb existieren "männliche" und "weibliche" Polaritäten als abgetrennte Dinge in diesem Bereich. Und sofern sie nicht zusammenarbeiten, als Eins, gibt es Disharmonie und Zwist.

Darüber hinaus verursachte diese Senkung der Vibration einen ernsten Bewusstheitsverlust. Das Bewusstsein von Einsheit mit dem Universum, mit ALLEM, mit universalem Geist, war plötzlich verschwunden, als wir die physische Ebene betraten. Wir waren "abgetrennt". Daher dachten und handelten wir wie abgetrennt. Selbst-Zentriertheit {Egozentrik} war geboren. Selbstsucht war geboren. Und das ist DAS GROSSE PROBLEM UNTER DEN PROBLEMEN.

Denk an irgendwas Schlechtes, irgendwas Unrechtes auf Erden, an dem Menschen beteiligt sind. Anschließend verfolge es zurück zu seiner Quelle. Es ist immer "Selbstsucht". Und Selbstsucht ist nun einmal das natürliche Ergebnis vom Denken und Glauben, dass du von allem/jedem anderen "abgetrennt" bist. Es gäbe KEINEN Krieg, kein Wehtun, keine Umweltprobleme, keine Disharmonie zwischen Männern und Frauen, wenn jeder einfach erkennen würde, dass wir alle eins sind und sich um jeden anderen entsprechend

11

kümmern würde, mit selbstloser Liebe. Da hast du die große Antwort auf **alle** Probleme, *einschließlich Sex*. Aber zurück zum Sex und zur bedauernswerten Realität des "Menschseins {human condition}".

Menschen behalten also ein Gespür von, oder eine innerliche Erinnerung von ihrem spirituellen Erbe bei. Es gibt uns auch ein "Gewissen". Menschen sind somit ein Rätsel. Die einzige Lebensform, die teils "Engel" und teils Tier ist. Was der Grund ist, warum Menschen hier nicht gut in die Ordnung der Dinge zu passen scheinen.

Und hier fangen auch viele unserer Sexualitäts- und Spiritualitäts-"Probleme" an. Ein spirituelles {geistiges} Wesen, das in einem, was im Grunde genommen ein tierischer Körper ist, wohnt, hat einen 'eingebauten' Kampf – ein ewiges Ringen zwischen den zwei Naturen.

Das Tier will ein Tier sein. Es will instinktiv Sex haben, um sich fortzupflanzen. Es hat keine Scham, auch keine Überlegung darüber, abgesehen von seinen instinktiven Trieben.

Zum Beispiel werden männliche *Tiere* manchmal gegen einen Konkurrenten kämpfen, um Sex zu haben oder um sich zu paaren. Wir sehen, dass sich das in menschlichen männlichen Trieben widerspiegelt, richtig? Bei Fragen über Moral und Schuldgefühl, die dem Gewissen, der sozialen Programmierung und dem Egodruck unterschiedlichster Art entspringen, ist es allerdings kompliziert. Doch für ein schlichtes, reines Tier in seinem eigenen Reich, ist es nicht nur natürlich und Bestandteil seines Überlebens, es ist Bestandteil von der Art und Weise, wie der fortlaufende Prozess der Schöpfung funktioniert.

Die meisten von uns "wissen" das intellektuell und akzeptieren das. Da wir jedoch unseren innerlichen Konflikt zwischen unseren tierischen und spirituellen Naturen haben, finden viele von uns so ein tierisches Verhalten irgendwie störend – auch wenn es nur "unter der Oberfläche", "im Hinterstübchen unseres Kopfes" oder unterbewusst ist. Warum? Aufgrund unserer eigenen Probleme – unserer innerlichen "Tier/Engel"-Verwirrung. Es kann bei *uns* sogar ein Gefühl der "Verlegenheit" hervorrufen, wenn wir sehen, dass Tiere Sex haben. Aber dennoch betrachten wir es noch nicht als böse oder sogar als schlecht. Und die Tiere sind *vollkommen* schamlos, vollkommen im Einklang mit der Natur und mit Gott.

Was also sind die Mechanismen, wodurch wir menschlichen Wesen uns so unterscheiden? Es gibt so viele, wo sollen wir ansetzen? Wir könnten uns mit der Metapher, die vom Essen der Frucht vom Baum der Erkenntnis von Gut und Böse handelt (was die Tiere nicht getan haben) befassen etc., aber stattdessen lass uns Verdrängung und Verleugnung untersuchen {repression & denial}.

Verdrängung und Verleugnung von was? VON SOWOHL dem tierischen Teil von uns durch den spirituellen Teil, WIE AUCH dem spirituellen Teil von uns durch die tierische Natur. Junge, das macht uns zu einer Horde verwirrter Hundewelpen (oder sollte ich sagen, verwirrter Menschen). Wir passen *nirgendwo* hinein.

Unabhängig davon, ob du uns als "Engel" ansiehst, die auf der Erde manifestierten, oder ob du ein "Darwinist" bist oder ein "Kreationist" – es ist eine unausweichliche Tatsache – unsere Körper haben all die Geschlechts-"Teile", Instinkte und Antriebe, um Sex zu haben, die die Tiere haben.

Wenn wir keinen Sex haben sollen, warum dann die Teile? Warum die tierischen Triebe? Warum können menschliche Teenager schon in ihren Jugendjahren damit anfangen, sich fortzupflanzen? Ein Irrtum der Natur oder von Gott, wie der Avocadokern (Scherz)? Und warum fangen wir als Jugendliche an, die stärksten Triebe zu haben, die wir je über irgendetwas in unserem Leben hatten, und kommen jene Triebe nur, um getrieben zu werden, Sex zu haben? *Hat die Natur einen Fehler gemacht?* Ich denke nicht. Was für eine Arroganz so zu denken oder sogar "im Nachhinein" das Design & den Plan der Natur für unsere *menschlichen* Körper zu "kritisieren" (natürlich ist Arroganz gegenüber der Natur und dem Kosmos ein häufig anzutreffender selbstsüchtiger menschlicher Charakterzug).

Die hormonellen tierischen Triebe sind in jungen, pubertierenden Menschen so stark, dass die Versuche, Abstinenz zu erzwingen, selbst bei "gut erzogenen" "moralischen" Jugendlichen, häufig in unerwünschten Kindern resultieren, in Abtreibungen, in Krankheiten etc. Und es sind nicht bloß Teenager, die solch starke Begehren haben. Der tierische Antrieb *und* der des "abgetrennten selbstsüchtigen Selbsts" nach Sex ist so stark, dass Leute oftmals gewillt sind, den Körper "kaputtzumachen", wenn das der Preis ist, den sie bezahlen müssen. Es ist in der Tat so stark, dass es oft nicht mal ein zweites Überdenken gibt. Und selbst wenn wir die ernsthaften Risiken KENNEN, die wir in Kauf nehmen, einschließlich fiesen Krankheiten und Tod, werden viele Leute in den "Verleugnungs"-Modus gehen, um Sex zu haben.

Jedoch erwartet man von Menschen, diese überwältigenden Antriebe zu unterdrücken. Jeder, egal ob Jugendlicher oder Erwachsener, ist mit unseren sozialen Sitten und Tabus konfrontiert. Und diese "Beschränkungsregeln" sind in einem unglaublichen Konflikt mit den "Antrieben". Das Ergebnis? Die Geburt einer ganzen Reihe neuer Probleme, mit denen wir umgehen müssen... Verdrängung und Verleugnung.

Als ob es nicht schon genug wäre, dass man mit superstarken tierischen und selbstsüchtigen Antrieben umgehen muss, neigte sich, um die Sache noch komplizierter zu machen, unsere *spirituelle Seite* ebenfalls in Richtung Sexualität. Der natürlichen Energiesexualität, die alles im Universum "bewegt". Es ist zwar nicht die tierische Art von sexueller Anziehungskraft/sexuellen Trieben, aber es *bezieht* dennoch Anziehungskraft, Energieausgleich und nichtsdestotrotz Fortpflanzung mit ein. Erinnerst du dich an unsere vorherige Diskussion über die Funktionsweise des gesamten Universums?

Achte auf die Sterne und Planeten. Sie alle haben "Beziehungen". Allesamt in Harmonie und Einsheit.

Ein Ding umkreist ein anderes. Alles basiert auf Anziehung, all das Geben, all das Nehmen, all der Energieaustausch, all die Schaffung neuen Lebens. Blicke jetzt auf alles, was du sehen oder finden kannst, das kein Stern oder Planet im Universum ist. Lass uns bei Möbeln anfangen. Woraus ist dieser Esstisch gemacht? Aus nichts außer Raum und winzig kleinen mikro-kosmischen Sternen und Planeten, die wir Atome nennen – Planeten (Elektronen), die von einem Atomkern (Stern) angezogen werden und ihn umkreisen. Unsere wahre Natur in den spirituellen Bereichen ist nicht anders. Das ist das, was Seelenverwandte vor allem sind – Polaritäten von einem Wesen, das sich abtrennte und sich oft voneinander verlor, als wir in diese niedriger vibrierende Ebene der Dualität und Abgetrenntheit eintraten. Aber...

Wahre spirituelle Sexualität ist nicht bloß eine Angelegenheit für Seelenverwandte, oder Männer und Frauen – es geht um ein größeres Bild der selbstlosen Liebe, es geht darum, höhere spirituelle Beziehungen mit allen zu haben.

Das bedeutet nicht tierischer Sex. Abgesehen von deinem tierischen Körper. Im spirituellen Bereich ist Sex nicht so wie tierischer Sex – es entspricht, selbstlos zu lieben und selbstlos geliebt zu werden. Allerdings ist das nicht da, wo wir leben. Doch möglicherweise ist das da, wo wir leben wollen?

Also sogar unsere spirituelle Natur will ihre Version von Sex, allerdings auf eine ganz andere Weise als das Tier. Unsere spirituelle Seite möchte wieder EINS sein, wieder ganz sein, um zu geben, um zu empfangen und um ständig höhere Energien zwischen unseren entgegengesetzten gegenüberliegenden Teilen und allem Leben auszutauschen. Doch leider kommt da auch noch etwas anderes hinzu – die Sucht unserer spirituellen Seite nach dem niederen Königreich, ihre Sucht, um selbstsüchtig Energie und Stimulierung zu bekommen (ein Aspekt von und das Resultat von unserem "Fall"). Damit muss auch umgegangen werden. Anstatt zu versuchen, das große Design zu verdrängen & zu leugnen, müssen wir für sowohl Tiere als auch "Engel" herausfinden, wie damit auf eine Weise umzugehen ist, *die wirklich funktioniert*. Es geht nun mal darum, herauszufinden, wo all das hineinpasst, woher es alles kommt und warum, wie wir am besten mit unserer spirituellen/tierischen "Schizophrenie" umgehen und es dann in unserem Leben anwenden.

So wie die Dinge auf dieser Welt jetzt sind, neigen die meisten Leute eher zu ihrer tierischen Natur und sagen zu ihrer spirituellen Seite "zisch ab". Allerdings handeln sie nicht wie reine Tiere. Sie handeln wie Tiere mit spiritueller/tierischer "Schizophrenie" – was nun mal das ist, was sie sind.

Die meisten Leute haben auch unterschiedliche Grade von Schuldgefühl & Angst, und aufgrund dessen üben sie unterschiedliche Grade von "Kontrolle" über ihre verwirrten und verzerrten tierischen Triebe aus. In ernsteren Fällen von Schuldgefühl wird es dahingehend verdreht, dass es als "sündhaft" angesehen wird, sexuelle Triebe zu haben oder an solchen Handlungen beteiligt zu sein. Dies führt zu einer Verdrängung der Triebe oder zu einer schweren Verachtung von anderen, die Sex haben oder sogar wagen, darüber zu sprechen oder es wagen, ihn zu genießen.

Ironischerweise ist eine solch schwere Verdrängung und Verachtung genau das, was dazu beitragen kann, wirklichen Schaden zu erzeugen, oder sogar "böse" Taten. In dem Verdrängungskämmerchen werden tatsächlich Monster erschaffen und können daraus hervorgehen. Versuch mal den natürlichen Lavastrom in einem Vulkan zu unterdrücken, versuch ihm zu "verschließen", und die Lava wird entweder andere Wege finden, um herauszukommen, oder es könnte mit einer "Mount-St.-Helens"-artigen Explosion enden. Mehr dazu später.

Sex und das Einzelne Schuldgefühl

Warum empfinden einige von uns, dass Sex falsch ist, oder fühlen sich darüber schuldig? Es sind zwei sehr unterschiedliche Fragen, und sie haben sehr unterschiedliche Antworten (die wir versuchen in den nächsten einzelnen Abschnitten zu klären).

Zuerst *das Empfinden,* dass es falsch ist. Das *Empfinden,* dass Sex "schmutzig", sündhaft oder "nicht spirituell" ist? Es gibt dafür mehrere Gründe:

1) Wie und warum wir Sex haben;
2) Unsere persönlichen Erfahrungen und Beobachtungen von Sex und "sexuellen Vibes {Stimmungen, Schwingungen, Ausstrahlungen}" im Hinblick auf andere;
3) unsere Programmierung;
4) Unsere "innere Stimme".

All das oben Genannte wirkt sich auf unser gesamtes Empfinden aus, auf unsere Anschauung, unsere Programmierung, unsere Gedanken & Handlungen. Die meisten von uns haben selbstsüchtigen, erniedrigenden Sex miterlebt und die Ergebnisse erfahren. Selbstnachgiebigkeit ist im Allgemeinen selbst-zerstörerisch und schmerzt andere ebenso wie wenn man spirituell ausartend ist. Das Schwelgen in einer Art von selbstsüchtigem, selbst-nachgiebigem Verhalten stimuliert für gewöhnlich anderes selbstsüchtiges, selbst-nachgiebiges Verhalten. Daraus folgt, dass selbstgefälliger selbstsüchtiger Sex, und die Verhaltensweisen, die damit einhergehen, uns weiter von unserem inneren spirituellen Wesen abhält, und von unserem Zurückkommen zur Harmonie der Einsheit, und zum Universalen Geist. (Nebenbei sei bemerkt, dass Beziehungen, denen es an gemeinsamen spirituellen Idealen fehlt, und die eher auf Sex oder Selbstsucht als auf WIRKLICHER (selbstloser) LIEBE basieren, IMMER zu einem Leben mit Zorn, Hass und/oder eventuell zu bitteren Trennungen führen werden).

Ein weiterer Grund, weshalb wir empfinden, dass Sex falsch ist, ist, weil unser eigenes inneres Wesen oder unsere spirituelle Seite uns sagt, dass selbstsüchtiger Sex falsch ist und dass wir stattdessen selbstlosen Sex auf den höheren spirituellen Ebenen erfahren sollten. Mehr dazu gleich.

Aber die meisten von uns haben trotzdem Sex. Deshalb wird es zu einer "was nun?" Frage.

Die Triebe, um Sex zu haben, nicht nur die von der rein tierischen Seite, sondern auch die von der selbst-nachgiebigen "Vergnügungs"-Sucht nach ihm, welche unsere "im Bewusstsein gefallenen" Geister entwickelt haben, sind sehr stark. Doch warum fühlen wir uns schuldig darüber, wenn wir es trotzdem tun und es tun wollen? Und warum tun wir es trotzdem, wenn wir uns darüber schuldig fühlen? Das reicht, damit sich Freud in seinem Grab umdrehen und noch mehr Kokain nehmen wird! {Anm. d. Übersetzers: siehe "Freud und das Kokain"}

Wenn wir etwas tun, von dem wir *empfinden oder glauben,* dass es "falsch" ist, erleben wir Schuldgefühl.

Das ist wahr, egal ob das Empfinden oder der Glaube von unserer spirituellen Seite kommt oder bloß von der Programmierung. Natürlich wollen jene von uns, die auf einem spirituellen Pfad sind, angeblich keine Dinge tun, die nicht spirituell sind, gleichwohl tun wir es manchmal. Entscheidend ist, wie wir mit Dingen umgehen, wenn wir "uns vertun". Meist jeder vertut sich hin und wieder, und die Art, wie wir darauf reagieren, macht dann den Unterschied aus zwischen Lernen (spirituellem Wachstum), Stagnation oder Fallen. Und Schuldgefühl zählt nicht zu den gesunden Reaktionen. Es ist überhaupt nicht gesund oder hilfreich. Es ändert nichts zum Besseren, richtet die Dinge nicht oder bringt uns spirituell "wieder auf Kurs". In der Tat, Schuldgefühl ist ein Mechanismus, den unser Selbstsüchtiges-Abgetrenntes-Selbst verwendet, um uns an der Leine und fernab von unserem spirituellen Selbst zu halten.

Schuldgefühl ist nicht nur ein selbst-generiertes, individuelles Ding mit einem Eigenleben. Da stecken "größere" tiefergehende Monster dahinter und folglich größere "Kern"-Punkte, mit denen wir uns befassen müssen.

Sexuelles Schuldgefühl ist in vielen Gesellschaftsebenen tief verwurzelt und ist quasi ein "großer Industriezweig" geworden. Wie wir es bereits behandelt haben, wurde uns allen eine Schuldgefühl-"Programmierung" gegeben. Wir sind programmiert, dass Sex schlecht und sündhaft ist, ohne dass ein wahres Verständnis von dem ganzen Punkt vermittelt wurde. Und ein Missinterpretieren der Empfindungen von unserer eigenen spirituellen inneren Stimme kann das Problem verschlimmern. Das ist sogar Bestandteil davon, woher die negative Programmierung kommt und warum sie in erster Linie begann.

Wer brachte all die Programmierung von Schuldgefühl und Tabus hervor, und warum? Ein Teil davon ist nun mal von dem Tier/Engel Konflikt – dem Schuldgefühl, das erzeugt wurde von der Reaktion des selbstsüchtigen Selbsts, auf die innere Stimme, "das Gewissen" des spirituellen Selbsts. Folglich haben wir "Menschen" allesamt negative Programmierung für uns erzeugt, was dann zur gesamtheitlichen negativen sozialen Programmierung beitrug, die alles davon wieder und wieder und wieder weitergegeben hat.

Als Nächstes wurde unsere Schwäche und Programmierung überdies (und wird weiterhin) von Leuten in gesellschaftlichen Machtpositionen ausgenutzt, vergrößert, korrumpiert & missbraucht. So wurde zusätzliche Programmierung durch religiöse oder politische Machtkrämer erzeugt, die unser Schuldgefühl und unsere innere Stimme benutzten, um uns zu manipulieren. So wurde mehr "Kram" in den großen Topf der negativen Programmierung geworfen. Es spielte eigentlich keine Rolle, ob die Machtkrämer wirklich glaubten, dass Sex sündhaft war oder nicht – manche glaubten es, manche nicht, manchen war es egal – (viele hatten im Verborgenen abartigen Sex). Der Zweck, um Sex zu tabuisieren, war oftmals um Leute zu kontrollieren, um Macht aufrechtzuerhalten oder um ihre persönlichen Überzeugungen anderen aufzudrängen (oder eine Kombination von Obigem).

"Sexuelle Belästigung" wird heutzutage als aktuelles Thema angesehen. Leuten werden "Ultimaten" gesetzt, um Sex zu erzwingen, unter Verwendung von Drohungen unterschiedlichster Art. Und es hat sie schon immer in verschiedenen Formen gegeben. Es war vor nicht allzu langer Zeit (historisch gesehen), dass jemand, der Macht hatte, Sex fordern konnte als Gegenleistung dafür, dass jemand nicht als Hexe oder als Ketzerin gemeldet wurde.

Manche von jenen in religiösen Machtpositionen hatten keine solch diabolischen Motive. Allerdings waren sie nach wie vor ignorant und hatten nach wie vor den Tier/Engel Konflikt in sich, deshalb fühlten sie sich darüber schuldig, irgendwelche sexuellen Empfindungen zu haben (auch wenn sie zölibatär lebten) und glaubten wahrlich, dass Sex sündhaft war. Aber rechtfertigt das, dass man jemanden zu Tode steinigt, foltert oder auf dem Scheiterhaufen grillt (außer, du bist wirklich hungrig und gibst ein bisschen gemischtes Gemüse dazu)?

Dann gibt es noch jene Leute, die gedankenlos ihr eigenes Schuldgefühl und ihre eigene Scham weitergeben, nicht nur von *ihrer* eigenen Programmierung, sondern auch von ihren eigenen persönlichen Schuldgefühlen.

Um das zu unterbinden, müssen die Leute zur Wurzel von all dem kommen – zu dem, was dahintersteckt, was dahintersteckt, was dahintersteckt, das Ding, das *hinter* all unseren "Fragen" über Sex steckt, egal welche Form es annimmt. Und müssen es im Tageslicht bloßlegen.

Aber selbst wenn man die Programmierung außer Acht lässt, empfinden viele Leute noch immer oder glauben, dass Sex "schlecht" ist. Warum? Und nochmals, wie fing die Tabuisierung überhaupt erst an?

Eine Frage des Gewissens?

Innerlich weiß unsere innere Stimme, dass der Geschlechtsakt AN UND FÜR SICH nicht sündhaft oder "schlecht" ist.

Ich hasse es, ein totes Pferd zu schlagen (obgleich es besser ist als ein lebendes zu schlagen), doch die Frage kommt immer wieder zurück auf diesen einzigartigen und ziemlich unvereinbaren "Engel/Tier Mix", den Menschen haben, um damit klarzukommen. Zum Beispiel haben "reine" Tiere kein Gewissen wegen des Tötens, des Kämpfens um Nahrung, um Territorium, um Partner oder darüber, um Sex zu haben. Doch Menschen haben ein Gewissen.

Hast du schon mal wirklich darüber nachgedacht, was ein Gewissen ist?

Ein Teil von dem, was wir unser Gewissen nennen, **ist** nur soziale Programmierung – zum Beispiel, wenn du als Kopfjäger aufgewachsen wärst, hättest du vermutlich keine "Gewissensbisse" darüber, jemanden von einem anderen Stamm für das Mittagessen zu töten. Wohingegen die soziale Programmierung, die du und ich haben, unser Gewissen verrückt machen würde (es sei denn du wärst Ted Bundy oder dergleichen). {A.d.Ü.: Ted Bundy war ein amerikanischer Serienmörder}

Doch der andere Teil von unserem Gewissen hat mit Programmierung nichts zu tun – er ist von dieser "spirituellen Wesens"-Seite von uns.

Wir alle haben "eine stille innere Stimme". Es ist die Stimme unserer spirituellen Seite – was auch die Stimme von dem Einem Geist {Spirit} ist. Wenn wir etwas tun, das der Natur und den Absichten unserer spirituellen Seite zuwiderläuft, nagt unser "Gewissen" an uns. Es lässt uns wissen, dass jede Art von Selbstnachgiebigkeit in gewissem Sinne irgendwie "falsch" ist. Nicht falsch, weil wir auf diese Weise programmiert sind, nicht falsch, weil manches Buch besagt, dass es das ist, nicht falsch, weil unsere Eltern sagten, dass es das sei, nicht falsch, weil es gemäß jemanden's Definition eine "Sünde" ist, sondern einfach falsch in dem Sinne, dass es uns in die *falsche Richtung* führt, weg *von der spirituellen Essenz unseres Wesens* und von diesen Einem "Großen Geist", der Alles durchdringt.

Ich weiß, dass manche Leute mit bestimmten New Age Philosophien den Begriff "Falsch" nicht mögen und nicht an "Richtig oder Falsch" glauben. Das kann mit bloßer Semantik zu tun haben – d. h., wir verwenden nicht die richtigen Worte, um diese Idee zu kommunizieren. Oder es kann von jemand kommen, der sich der Realität verschließt – und das ist nicht wirklich unser Fokus in diesem Booklet. Versuch also bitte für einen Moment einen offenen Verstand für meine Ansicht zu behalten, damit wir bei diesem Punkt nicht hängen bleiben oder ein Missverständnis über diesen Punkt entsteht. Hier ist ein Beispiel:

Wenn es mein Ziel ist, um zur örtlichen Buchhandlung zu kommen, und ich beim Versuch dort hinzukommen an der 10ten Straße nach links abbiege anstatt nach rechts, habe ich die "falsche" Richtung eingeschlagen, um mein Ziel zu erreichen. Es ist das Gleiche mit den Lebensentscheidungen und den mentalen Entscheidungen, die wir treffen, aber auf einer sehr viel größeren und ernsteren Skala – insbesondere, wenn es um Spiritualität geht.

Lass uns sagen, dein Ziel ist es, ein ewig während spirituelles Wesen zu sein – EINS mit dem Universalen Geist, anstatt temporär ein Leben der Abgetrenntheit zu leben, der Illusion und des Leidens in einem tierischen Körper. Wenn das dein Ziel ist, dann ist eine Benehmensweise, die ein selbstsüchtiges Selbst füttert und verhätschelt, anstatt einer, die das spirituelle Selbst füttert, "falsch". "Falsch", weil es uns in die entgegengesetzte Richtung von unserer spirituellen Seite und unserer Einsheit mit dem Universalen Geist führt. Verstehst du, worauf ich hier hinauswill?

Unser spirituelles Gewissen versucht uns ständig daran zu erinnern, dass wenn wir unsere Aufmerksamkeit auf selbstsüchtige Bestrebungen richten und dieser Seite von uns Energie geben/ihr nachgeben, dass dies unseren Geist/unsere Seele gefangen hält und uns eine Verhaltensweise beibehalten lässt, die negative Auswirkungen erzeugt. Und dass jene negativen Auswirkungen auf uns zurückkommen und uns weiter negativ beeinflussen (aufgrund des Universalen Gesetzes von Ursache und Wirkung (und "schlechtes Karma" erschaffen).

Kommen wir zurück, um das auf Sex anzuwenden – unsere stille innere Stimme nagt an uns, versucht uns zu erzählen, dass selbst-nachgiebiger Sex "falsch" ist. Unsere spirituelle Seite will, dass wir diese Information der inneren Stimme konstruktiv einsetzen und mit Sexualität auf spirituelle Weise umgehen.

Unsere abgetrennte Seite des Selbsts wiederum will dieses Gefühl von der inneren Stimme in Schuldgefühle umbiegen.

Wenn wir nicht irgendeine Form von spiritueller Sexualität praktizieren, die dazu führt, das Tier zu überschreiten {zu transzendieren} und die selbstsüchtigen Begehren zu überschreiten, die uns gefangen halten im Fleisch, gefangen auf der Erde, dann ist da immer unsere innere Stimme, um an uns zu nagen (es sei denn wir tun Dinge, um sie zu überdröhnen).

Das selbstsüchtige-abgetrennte Selbst zieht es vor, ein Schuldgefühl bei uns auszulösen, und uns unter seiner Macht zu behalten, statt dass es uns das Problem klar erkennen lässt und in konstruktiver Weise darauf einwirkt. In Bezug auf Sexualität ist es ihm lieber, wir empfinden, dass Sex zu *einem gewissen* Grad schlecht, selbstsüchtig oder "sündhaft" ist (auch wenn es nur unterbewusst ist), und dass wir uns zu *einem gewissen* Grad darüber schuldig fühlen (auch wenn es nur unterbewusst ist). Was *es **nicht** will*, ist, dass wir für uns einen Weg finden, Sexualität selbstlos und spirituell zu machen – ein Szenario, bei dem es die Kontrolle verliert und unser spirituelles Selbst die Kontrolle gewinnt.

Das Fazit lautet, dass wir im Innern wissen, dass unsere wahre Natur, die von einem spirituellen Wesen ist, und dass wir uns immer falsch darüber fühlen werden, wenn wir ihm den Rücken zukehren. Wir wissen auch, dass solange wir zulassen, dass Selbstsucht uns von der Rückkehr zu unserem spirituellen Zustand abhält, von der Rückkehr zur Einsheit mit dem Universum/Geist, dass wir Leid erschaffen für uns selbst und für andere, und niemals wahrlich glücklich sein werden oder inneren Frieden haben werden.

Schuldgefühl bringt uns aber nicht viel weiter. Deshalb müssen wir positive Mittel und Wege finden, um mit all unseren Fragen umzugehen, einschließlich der Sexualität. Und da gibt es Mittel und Wege.

Das Überschreiten und Umwandeln von selbstsüchtiger Sexualität in eine höhere Schwingung spiritueller Sexualität ist der Schlüssel (im Bereich der sexuellen Belange). Und anders als es das Selbstsüchtige-Selbst dir glaubend machen möchte, ist selbstlose spirituelle Sexualität *weitaus ekstatischer, macht weit mehr Spaß (auf eine nicht-selbst-nachgiebige Art)* als selbstsüchtige Sexualität. Und außerdem erzeugt es nicht all die fiesen Probleme, die bei selbstsüchtiger Sexualität oder beim Unterdrücken der selbstsüchtigen Sexualität auftreten können. Leute sind viel glücklicher, gesünder, liebenswürdiger und spiritueller, wenn sie die natürlichen sexuellen Triebe nicht unterdrücken, sondern sie stattdessen überschreiten oder in die spirituellen Bereiche hindurchleiten und sie zu einem Bestandteil von einem spirituellen Leben machen.

Selbstsucht, Der Konflikt, Schuldgefühl und Verdrängung Reißen Uns Entzwei

Schau nur auf *manche* der Probleme, die durch eine auf Schuldgefühlbasierte Sexualität und durch das Unterdrücken der natürlichen sexuellen Triebe verursacht werden.

- Unerwünschte Schwangerschaft (die zu unerwünschten Kindern, Abtreibung, Kindstötung etc. führt.)
- Kinder ohne Väter.
- Krankheit.
- Sexuelle Belästigung.
- Gewalt.
- Das Betrügen von Ehepartnern – was oftmals Lügen, Gewalt und emotionale Zerstörung von Familien beinhaltet.

Und wenn Sex *unterdrückt* wird, ist es, als ob man einen Deckel auf einen Schnellkochtopf ohne Ablassventil stülpt. Die natürlichen Triebe versuchen Ausdruck und Befreiung zu finden, und wenn sie nicht auf gesunde Art gelenkt sind, werden sie pervers, und die Probleme können noch schlimmer sein als bloße auf Schuldgefühlbasierte Sexualität, wie z. B.:

- Vergewaltigung.
- Sexueller Missbrauch von Kindern.
- Sodomie. {Sex mit Tieren; siehe auch Zoophilie; lat. Sodomia bestialis}
- Prügelattacken auf Ehepartner und Kind.
- Folter.
- Sexuelle Nötigung.

Historisch bedingt machte diese Verdrängungs-/Schuldgefühlshaltung zu Sex ein religiöses "böse Sünde" Thema daraus, sie verurteilt es schlichtweg, statt dass man versteht, woher es wahrlich kam und wie man damit auf eine konstruktive Weise umgeht. Anstatt also Wege zu finden, um unseren innerlichen Konflikt zu heilen, fütterte es Gesellschaften, die eine Ehebrecherin "brandmarkten" oder töteten, während manche Prediger, die in ihrer bösen Täuschung lebten, betrogen, vergewaltigten, heimlich Sex mit Prostituierten hatten oder mit jenen, die sie sexuell belästigten oder bedrohten. Und natürlich haben sie alle anderen verurteilt.

Je verklemmter jemand ist oder je mehr einer die Augen vor der Wahrheit verschließt, desto perverser ist (üblicherweise) der sexuelle Appetit. Ich spreche hier nicht zwangsläufig von "abartig", sondern von wahrlich krankem schädlichem Zeug.

Leute müssen die echte Wahrheit über Sex verstehen und ihn angemessen für sowohl das Tier als auch für den Engel lenken, statt unter negativer Programmierung zu agieren.

Die Verschiedenen Methoden, die Leute Verwendet Haben, um mit dem innerlichen SEX-Kampf Klarzukommen.

Hier ist ein kurzer Überblick über die verschiedenen Arten, wie Leute versucht haben, mit unserer sexuellen/spirituellen Dichotomie {Zweiteilung} umzugehen, und die Ergebnisse von jeder:

1) **Man lässt das abgetrennte selbstsüchtige Selbst mit dem Tier laufen.** Dies führt zu spirituellem und moralischem Verfall, zu einem Mangel an Mitgefühl und Fürsorge für andere und kann andere "tierische Verhaltensweisen" und selbst-nachgiebige Verhaltensweisen füttern, die schädlich, gefährlich oder schlichtweg unangebracht für eine "Zivilisation" sind.

2) **Verleugnung.** Sich vorzutäuschen, dass Triebe nicht existieren, kann sich entweder in Verdrängung manifestieren (und seinen Erscheinungsformen), oder dem Gegenteil – häufiger Partnerwechsel (und seinen Erscheinungsformen, einschließlich "Betrug", Krankheit, "unbeabsichtigte" Schwangerschaft oder Schlimmeres).

3) **Verdrängung.** Die Triebe sind spürbar, und sind stark, und irgendwann wird der Druck zu groß und findet seinen Ausweg. Er kann seinen Ausweg entweder über normalen Sex finden oder über Perversitäten und Gewalt (siehe oben).

4) **Enthaltsamkeit/Zölibat.** Falls dies wahrlich ohne Verdrängung praktiziert wird (was üblicherweise nicht der Fall ist), kann es funktionieren und Bestandteil von einem spirituellen Pfad sein. Allerdings muss das Individuum die tierischen und selbstsüchtigen Triebe wahrlich überschreiten und muss sie ersetzen mit reiner selbstloser Liebe für alle. Bedauerlicherweise können manche, die das praktizieren, emotionale Barrieren und Gefühle von "Kälte" oder Distanz vor anderen erzeugen. Das ist das Resultat eines "Das Kind mit dem Bade ausschütten"-Syndroms. {A.d.Ü.: Womit gemeint ist: Gedankenlos mit dem Schlechten auch das Gute verwerfen.} Mit anderen Worten, zusammen mit dem Ausschalten der niedrigeren Emotionen/Lüste, werden auch die höheren Emotionen und gesunden Leidenschaften ausgeschalten. Um dies zu verhindern, ist ständige Wachsamkeit erforderlich und es muss beharrlich an der Entwicklung von Mitgefühl/selbstloser Liebe für andere gearbeitet werden. [Anmerkung: Wenn allerdings Verdrängung beteiligt ist, siehe oben.]

5) **Tantra-tantrischer Sex.** Es gibt zahlreiche Formen davon, was als Tantra oder Tantra-Sex bezeichnet wird, und sie sind alle unterschiedlich. Einige sind konstruktiv, und einige sind destruktiv. Mehr dazu später und im zweiten Buch in dieser Serie (siehe weiter unten).

6) **Die beste Soul-ution** {Seelen-Lösung}. "Ur-Kraft Tantra" tantrischer Sex. Dies ist die Form des Tantra, die wir als die höchste Form der spirituellen Sexualität erachten und was traditionell seit vielen Jahrtausenden von unserem Orden praktiziert wurde. Wir werden später und im zweiten Teil dieser Buchserie – "Ur-Kraft Tantra" {im Original als "Primal Power Tantra" bezeichnet} weitere Informationen dazu geben, warum es die vorteilhafteste Form des Tantra ist.

Der Suchtfaktor

All diese sexuellen Belange/Probleme stammen nicht nur von dem selbstsüchtigen abgetrennten Selbst. Wir erwähnten zuvor bereits, dass die spirituellen Seiten der meisten "menschlichen Wesen" gewissermaßen auch "süchtig" sind, nach ihren tierischen Selbsts und nach ihren abgetrennten selbstsüchtigen Selbsts. Das bedeutet, sie sind auch süchtig nach tierischem Sex. Dadurch bleiben sie ein Sklave ihrer tierischen Begehren, der Begehren ihres abgetrennten Selbsts, und das verhindert die Entwicklung & das Wachstum der "höheren", weiter "entwickelten" oder verfeinerten Qualitäten (einschließlich unserer Spiritualität).

Deshalb haben sich manche Leute dem Zölibat und anderen Formen der Selbst-Disziplin zugewandt. Sie hoffen, dass sie ihre Abhängigkeit vom Tier und vom tierischen Sex überwinden, daher fokussieren sie all ihre Energien auf das Spirituelle. Aber "Ur-Kraft Tantra" tantrischer Sex mag für viele Leute sogar noch besser sein. Ich werde gleich dazu kommen. Zuerst, da es für spirituelle Sexualität sehr relevant ist, lass uns Suchtverhalten im Allgemeinen etwas näher untersuchen.

Ganz gleich, ob sie nach Zigaretten süchtig sind, nach Alkohol, nach Drogen, Sex oder nach was auch immer, für Drogensüchtige ist es einfacher, es mit "kaltem Entzug" zu beenden (es komplett zu unterlassen), als lediglich Mäßigung bei der Kontrolle ihrer Nachgiebigkeiten zu üben. Die Standardmethode, um zum Beispiel mit Alkoholismus umzugehen, ist niemals das Zeug anzufassen – nicht einmal einen Drink. Denn im Allgemeinen, sobald ein Alkoholiker diesen einen Drink hat, verliert er [oder sie] die Kontrolle und trinkt weiter. Das ist wahr, und es ist für normale herkömmliche Leute der geeignete Weg, um mit diesen Problemen umzugehen. Doch während es eine ungeheure Menge an Selbst-Disziplin erfordert, um das eben zu tun, zeigt es nach wie vor einen Mangel an Kontrolle und *in gewissem Maße* einen Mangel an Selbst-Disziplin an. Die Sucht hat nach wie vor eine gewisse Kontrolle.

Wer würdest du sagen, hat seine Triebe überwunden und sein "niederes Selbst" mehr überschritten – eine Person, die es geschafft hat, ihre Sucht mit kaltem Entzug zu beenden, oder eine, die es geschafft hat, sich zu kontrollieren und ihren Genuss auf das zu beschränken, was sie sich selbst als vernünftiges, gesundes Limit gesetzt hat? Würde zum Beispiel ein Spielsüchtiger, der eine 5-Cent-Münze in einen Spielautomaten einwerfen kann und es dabei belässt (ob er nun gewinnt oder verliert), seine Sucht mehr überwunden haben als einer, der gänzlich aus Casinos draußen bleiben muss? Würde es nicht mehr Selbst-Disziplin erfordern, nur einen Kartoffelchip zu essen und dann aufzuhören, als die Tüte gar nicht erst zu öffnen oder zu vermeiden, eine Tüte im Haus zu haben? Mit Sex ist es das Gleiche.

Jeder, der sich dafür entschieden hat, sein "niederes Selbst" zu überschreiten, muss daran arbeiten, seinem spirituellen Selbst die *totale* Kontrolle zu geben – und jede Sucht ist hierfür ein Hindernis. Folglich müssen sie letztendlich *totale* Selbst-Disziplin entwickeln. Wenn man dieses Konzept dann auf Sex überträgt, welcher von den folgenden Leuten hat seine Sucht mehr überwunden? Einer, der Sex hat, der jedoch die totale Kontrolle darüber hat und vollkommen jegliche niederen Selbst-Triebe überwunden hat, oder einer, der vollkommen auf Sex verzichten muss, und den tierischen Körper in dem er [oder sie] lebt verleugnet, den Sex, den es braucht, um gesund zu sein? Welche Person hat sich tatsächlich mehr in Richtung ihrer spirituellen Natur bewegt?

Was sind die Ohrmarken von totaler Transzension und Kontrolle? {Anm. d. Übers.: Transzension bedeutet, etw. überschreiten, überwinden, übersteigen, etw. hinter sich lassen, in einen neuen Bereich übergehend.} Es hängt davon ab, ob du männlich oder weiblich bist. Für Männer ist eine der großen Ohrmarken die Orgasmuskontrolle. Nicht nur "längeres Durchhalten", sondern totale Transzension davon ist jedes Mal, wenn du Sex hast, erforderlich, sowie die Fähigkeit, einen Orgasmus auf unbestimmte Zeit zu verzögern. Das bedeutet nicht, niemals einen zu haben. Sondern es bedeutet das Verändern des typisch männlichen Denkansatzes, dass Orgasmus der "ganze Sinn und Zweck von Sex" ist. Können (oder würden) die meisten Männer Sex haben und keinen Orgasmus dabei haben? Hier setzt die Idee des "Ur-Kraft Tantra" tantrischen Sex an – d.h., fähig zu sein, die Frucht zu kosten, ohne dabei die Kontrolle zu verlieren und sie zu essen. Oder wie bei einer Verdrehung des alten Sprichworts "Du kannst deinen Kuchen nicht essen und ihn auch noch behalten" in, du *wirst* fähig sein "deinen Kuchen zu essen, und ihn dennoch behalten".

"Johnny, Männer und Frauen 'unterscheiden' sich voneinander."

{A.d.Ü.: 'Johnny' ist im Engl. u. a. ein Slangausdruck für das primäre äußere Geschlechtsorgan des Mannes, womit der Penis gemeint ist.}

Im Ernst? Wie wir bereits sagten, Männer und Frauen sind gegenteilige Polaritäten – wie die Plus- und Minus-Pole von Elektrizität und Batterien. Obwohl beide Geschlechter "sendende" und "empfängliche" Pole haben und beide sowohl senden als auch empfangen, sind Frauen *vorwiegend* empfänglich und Männer sind *vorwiegend* sendend. Es ist wie bei den verschiedenen Enden eines Wasserrohrs. Das Wasser geht in ein Ende hinein (es wird von irgendwo empfangen), und das Wasser fließt aus dem anderen Ende hinaus (es wird nach irgendwohin gesendet). Dennoch ist es ein Rohr. Und der Teil, der das Wasser empfängt, muss es von irgendwoher bekommen – von der Stelle, die es versendet. Genauso wie der Teil, der es irgendwohin sendet, eine empfängliche Stelle haben muss, um es zu senden – ansonsten hast du Stagnation oder Rückstau.

Wie ich zuvor schon erwähnte, hat sich in Menschen die Einsheit zwischen unseren innerlichen Polaritäten gespalten. Seelen-Verwandte sind voneinander abgetrennt. Wir sind nicht länger ein Rohr, in dem das eine Wasser gleichzeitig in eine Richtung fließt, wir sind aufgespalten in einen empfänglichen Teil des einen Rohrs und in einen "sendenden" Teil des einen Rohrs. Und das ganze Rohr ist abgetrennt vom gesamten Wasserleitungssystem (dem Universum/Geist).

Die Sonne und die Erde funktionieren auch wie das Rohr, allerdings als eins. Und sie sind angeschlossen an die Kosmische Wasserleitung und sind eins mit ihr. Die Sonne ist für etwas empfänglich. Sie umkreist etwas im Zentrum dieser Galaxie. In ihrem eigenen kleinen Reich dann – diesem Sonnensystem, ist die Sonne ausfließend (sendend). Die Sonne strahlt ihre Energie aus, die

Erde ist dafür empfänglich, und die beiden erschaffen neues Leben. Dies kann wiederum im tierischen Leben, im menschlichen Tier und in den menschlichen spirituellen Naturen gesehen werden. Doch bei Menschen haben wir vorwiegend die Varianten mit verdrehter, entgegengesetzter Polarität – welche der sexuellen Sucht entsprechen. Die Pole sind umgekehrt und sie "jagen hinterher" und versuchen das Wasser in die falschen Richtungen fließen zu lassen.

Männliche und Weibliche Sexuelle Antriebe Kommen Von "Unterschiedlichen Stellen"

Das, was menschliche tierische sexuelle Sucht antreibt, ist je nachdem, ob es aus der männlichen oder aus der weiblichen Polarität kommt, unterschiedlich. Es arbeitet tief im Hintergrund des Unterbewusstseins, also egal, ob du dir davon bewusst bist oder nicht, es spielt dennoch eine Rolle. Der weibliche oder empfängliche Teil, möchte schwanger werden, möchte nisten, möchte Samen in seinen fruchtbaren Boden aufnehmen, möchte neues Leben erzeugen und es nähren. Deshalb hat er seine eindeutig weiblichen sexuellen Triebe. Der männliche möchte "senden", um Leben zu erzeugen. Er möchte seinen Samen überall verbreiten, irgendwohin und so viel wie möglich, und deshalb hat er seine eindeutig männlichen sexuellen Triebe. Jeder muss den anderen verstehen. Und wenn du das wirklich verstehst, entdeckst du auch die Schlüssel zu einem Sexualitätsmodell, das für beide Seiten unserer Natur bestens funktioniert, für die tierische, und für die spirituelle.

Aber denk daran, dass wir es nicht nur mit den natürlichen Trieben unserer tierischen Seite und unserer spirituellen Seite zu tun haben. Die spirituelle/engelhafte Seite von uns ist ebenfalls süchtig geworden nach Lust/süchtig danach um Energie "zu bekommen", anstatt sie "zu geben" (zu geben ist ihre wahre Natur). Was für ein Schlamassel. Gibt es da irgendeine Hoffnung, irgendeine echte Antwort auf dieses Dilemma?

Was offensichtlich gebraucht wird, ist eine Methode im Umgang mit Sexualität, die das Tier glücklich und gesund hält, während man es transzendiert, und die die spirituelle Seite füttert und stärkt.

Da, wo Männer die Kontrolle über ihre tierische Natur weiterentwickeln, muss Ur-Kraft Tantra tantrisches Sex-Training anfangen. Wie wir alle aus Erfahrung wissen, denken die meisten Männer mit ihrem "kleinen Kopf" anstatt mit ihrem großen. Es kontrolliert ihr Leben. Die meisten Männer sind völlig beherrscht und besessen von Sex. Außerdem, für die meisten Männer ist der entscheidende Punkt beim Sex und oftmals der entscheidende Punkt bei einer Beziehung, dass man einen Orgasmus hat. Frauen haben eine ganz andere Einstellung dazu (nicht, dass sie Orgasmen nicht wollen oder nicht genießen!). Ein Weg, damit beide Geschlechter Einsheit finden, Harmonie, damit sie spirituell weiterkommen und Beglückung finden für sowohl ihre tierischen als auch ihre spirituellen Naturen, ist sexuelle Meditation oder "Tantra".

Wie bereits erwähnt, gibt es viele unterschiedliche Arten von tantrischem Sex, aus vielen unterschiedlichen Kulturen und Religionen. Manche bringen spirituelle Nähe, Glückseligkeit und unterstützen den Prozess, um schließlich zu Gott zurückzukehren und zu unserem spirituellen Zustand, wohingegen andere eigentlich selbstsüchtig und destruktiv sind. Die verschiedenen Methoden werden im Booklet "Ur-Kraft Tantra" {im Orig.: "Primal Power Tantra"} ausführlich diskutiert und untersucht, und es werden Instruktionen gegeben. Doch fürs Erste lass uns einfach betrachten, was meiner Ansicht nach die *Grundlagen* der positiven Formen von Tantra sind und was unserer Ansicht nach die höchste spirituelle Form von Tantra ist und warum.

Beim Ur-Kraft Tantra geht es darum, dem Körper zu erlauben, Sex zu haben, während man ihn mental und spirituell überschreitet und die Aufmerksamkeit/das Bewusstsein auf die höheren emotionalen und spirituellen Bereiche richtet. Selbst die physischen sexuellen Leidenschaften und Energien werden umgewandelt, indem sie sich hinaufziehen in die geistigen Bereiche, wo sie einem guten Zweck dienen. Sobald es gemeistert ist, sind die Individuen vollständig umgewandelt, entwickeln neue emotionale und spirituelle Sensibilitäten, neue Fähigkeiten, und erreichen Einsheit mit ihren Lebenspartnern und (sofern andere Aspekte eines wahren spirituellen Pfades vorhanden sind) Einsheit mit dem Universalen Geist. Diese Form der spirituellen Sexualität ist soooooo viel mehr ekstatischer und erfüllender als normaler herkömmlicher Sex und auf so vielen neuen Ebenen, dass die Rückkehr zu normalen herkömmlichen Sex so wäre, als ob jemand, der sehen kann, sich dafür entscheiden würde, blind zu sein.

Und außerdem übertragen sich die Vorteile aufs normale herkömmliche Leben – und auf Zeiten, wo du keinen physischen Geschlechtsverkehr hast. Genau genommen wird der physische Akt des Sex irgendwann irrelevant, und die Gefühle der selbstlosen Liebe, der spirituellen orgasmischen Ekstase etc., können erfahren werden, egal ob der Körper dabei beteiligt ist oder nicht. Das ist letzten Endes der Punkt – um uns von unserer "Falle" zu befreien und um zum spirituellen Reich zurückzukehren. Nicht mehr länger auf einen Körper angewiesen, sind wir dann frei um zu fliegen, frei um mit nur einem Gedanken überall im Universum herumzureisen, um alles zu erschaffen, was wir uns vorstellen, um für alle Ewigkeit zu lieben und geliebt zu werden, um als Lichtwesen im Licht zu leben, um nie wieder den Schmerz, das Leid und die Einsamkeit zu erfahren, wenn wir in einem physischen Körper sind, der vom ALLEM, vom Universum, vom Geist getrennt ist.

Nochmals, die gleichen Ergebnisse können auch mit Zölibat erzielt werden, wenn es mit anderen spirituellen Praktiken kombiniert wird wie etwa Meditation, Yoga und anderen Methoden zum Überschreiten der Illusion der Abgetrenntheit. Allerdings erfordert das Praktizieren von Ur-Kraft Tantra mehr Selbst-Disziplin, deshalb führt es im Allgemeinen zu schnellerem spirituellen Wachstum, zu größerer Transzension, und hat noch seine anderen Vorteile.

Nochmals, sei bitte bei deiner Wahl über Tantra/tantrischen Sex vorsichtig, denn es gibt viele unterschiedliche Dinge, die alle so genannt werden. Wähle etwas Positives und etwas, das Tradition hat. Überdenke es sorgfältig und lass dich von deiner Intuition, von deiner stillen inneren Stimme leiten.

Anschließend entscheide für dich selbst, was Harmonie und Spiritualität in dein Leben hineinbringen wird. Es ist eine sehr wichtige Entscheidung.

Für weitere Einzelheiten über Tantra/tantrischen Sex und über die jeweiligen Instruktionen beim Training unseres traditionellen Stils, lies bitte das zweite Booklet dieser Serie (auch als E-Buch erhältlich) mit dem Titel "Primal Power Tantra" {"Ur-Kraft Tantra"} (ISBN# 0-9660015-7-5).

Wir haben auch CDs produziert mit Musik und mit geführter Visualisierung für Sex, und um bei Tantra zu helfen und es zu verbessern [siehe hinten im Buch].

Teil Zwei

Ur-Kraft Tantra

Ein Leitfaden & Instruktionen für tantra-tantrischen Sex

Ur-Kraft Tantra – Traditionelles Tantra-Tantrisches Sex Training

Dieses Buch behandelt die verschiedenen tantrischen Sex-Methoden, von den neuen bis zu den antiken. Es beschreibt die Vor- und Nachteile von jeder, und gibt detaillierte Unterweisung darin, was sich bei uns als die beste Methode herausgestellt hat (und gibt dir die Gründe dafür, sodass du selbst entscheiden kannst).

An unsere Leser:

Dieses Buch hat zwei Kategorien von Lesern. Zu einer Kategorie gehört die Person, die nur ein besserer Liebhaber werden will, die ihr Sexualleben, ihre sexuellen Fähigkeiten verbessern und ihm vielleicht eine tiefere Dimension geben will. Zur anderen gehören diejenigen, die auf einem spirituellen Pfad sind und die Sex entweder als weiteres Hilfsmittel für spirituelle Entwicklung verwenden wollen oder die den besten Weg finden wollen, um Sex in einem spirituell orientierten Lebensstil zu integrieren.

Da ich für beide Arten von potenziellen Lesern zu schreiben habe, will ich mich im Voraus bei jeder Gruppe für die Teile meines Schriftstücks entschuldigen, die nicht spezifisch für deine besonderen Ziele sind. Allerdings *wirst* du finden, wonach du hier suchst – unabhängig davon, ob es das Nonplusultra bei spiritueller Sexualität ist oder nur eine Methode für den besten Sex, den du je hattest.

Eine Rose unter Einem anderen Namen

Es gibt viele Namen, die für spirituelle/heilige Sexualtechniken verwendet werden. Die gebräuchlichsten sind Tantra, tantrischer Sex, tantrisches Yoga und Tantra-Yoga. Egal wie du es nennst, wir werden es in diesem Buch behandeln.

Vorbedingung um dieses Buch zu lesen

Dieses Booklet ist eigentlich #2 in einer Serie über spirituelle Sexualität. Am besten wäre es, wenn du bereits *"Sex und der Spirituelle Kerl (oder Frau)"* – *ein Leitfaden für spirituelle Sexualität,* vor dem Lesen dieses Booklets gelesen hättest. Es behandelt die grundlegende Biologie, Psychologie und Spiritualität hinter Sex, und die verschiedenen Einstellungen und Herangehensweisen der Leute darüber. Nur für den Fall, dass du es noch nicht gelesen hast, werde ich ein paar Dinge davon wiederholen, die dir vielleicht helfen, damit du dieses Booklet hier besser verstehst.

Zeig mir die Energie

Beim tantrischen Sex geht es um das Arbeiten und den Umgang mit den höher schwingenden Lebensenergien und feineren Emotionen, die während des sexuellen Akts zwischen Männern & Frauen auftreten können.

Was meinen wir mit "höher schwingenden Energien"? Ist dies irgendeine Art von whodoo-voodoo New Age Blödsinn? Ganz im Gegenteil.

Wenn wir über Tantra-Yoga reden oder darüber, dass tantrischer Sex "auf Energie basiert" oder "Lebensenergien" nutzt, was meinen wir dann damit? Das ist kein "New Age Hype" – die Energietechniken des Tantra, obwohl antik, sind wissenschaftlich fundiert.

Menschliche Körper/Gehirne basieren auf elektrischen Energien. Zum Beispiel wird ein Arzt, basierend auf der Elektrizität/Energie der Gehirnwellen, die du hast, bestimmen, ob du lebst oder tot bist. Und wie funktioniert ein Herz? Elektrische Signale teilen dem Muskel mit, dass er sich auf bestimmte Weise zusammenziehen und wieder entspannen soll. Wenn du es wissenschaftlich betrachtest, basiert fast alles bei unseren Körpern auf Energie.

Akupunktur ist eine antike Form der Medizin (jetzt größtenteils von der modernen Wissenschaft akzeptiert), die sich mit "den Energieflüssen" des Körpers beschäftigt. Akupunktur-"Punkte" können tatsächlich unter Verwendung eines elektrischen Messgeräts, das Mikro-Ströme lesen kann, gemessen und lokalisiert werden {Anm. d. Übers.: z. B. mit einem Elektro-Akupunkturgerät}. Hast du schon mal eine Akupunkturtafel gesehen? Teil des Verfahrens ist, dass der Körper Energie-"Kreisläufe" hat (Meridiane genannt). Einige dieser Kreisläufe sind in die Praktiken des tantrischen Sex einbezogen. Der HAUPT-Energiemeridian (ähnlich einer Linie mit vielen Akupunkturpunkten darauf) wird der Gouverneurs-Meridian genannt. {Anm. d. Übers.: Mit Gouverneurs-Meridian (im Orig. governing meridian) sind das in der Körpermitte verlaufende Lenker- und Dienergefäß gemeint – in der TCM auch als Du Mai und Ren Mai bezeichnet. Im engl. werden sie mit central and governing meridians bezeichnet.} Dieser Meridian {womit hier diese beiden Energiekanäle gemeint sind} verläuft entlang der Körpermitte, sowohl auf der Rückseite als auch auf der Vorderseite des Rumpfes. Er umfasst die Leistengegend und ist eines der Energiesysteme, mit dem bei Yoga und wenn du tantrischen Sex praktizierst, gearbeitet wird.

Seit Jahrzehnten werden an den Universitäten die energetischen Aspekte von Körper/Verstand/Geist wissenschaftlich untersucht. Hast du schon mal was von "Auren" gehört? Wusstest du, dass man sie wissenschaftlich fotografieren kann? Elektro-Fotografie {womit hier die Kirlianfotographie gemeint ist}, die zuerst von den Russen während des Kalten Krieges entwickelt worden war, wurde unter anderem zum Fotografieren von Akupunkturpunkten verwendet.

Andere Wissenschaftler auf der ganzen Welt, die die Russischen Versuche wiederholten, sind sogar noch weiter gegangen. Sie haben solche Dinge fotografiert, wie die Energie, die aus den Händen eines "Heilers" dampfte. Sie haben Bilder von der vollständigen Kontur eines ganzen Blattes gemacht – jedoch war das Bild von einem unvollständigen Blatt – eines, das kurz zuvor in zwei Hälften zerrissen wurde (doch die "Aura" des ganzen Blattes verblieb immer noch).

Dr. Moss {Thelma Moss} an der UCLA {University of California Los Angeles} stellte einige Forschungen an, die für tantrischen Sex besonders relevant sind. Es wurde eine Elektro-Fotografie Studie über die Auren von Leuten in festen Beziehungen durchgeführt. Die Paare saßen sich gegenüber und jeder legte eine Hand auf den Tisch, nahe an die Hand des anderen, aber ohne sie zu berühren.

Die Elektro-Fotografieausrüstung, die eingeschaltet wurde, enthüllte die glühende korona-ähnliche "Aura"-Energie um ihre Hände herum. Die Auren der Paare, die sich einander nicht mochten, "bogen" sich tatsächlich voneinander "weg" – nach der ganzen Welt Ausschau haltend, als ob die Auren selbst versuchen würden, JEDEN Kontakt mit der anderen Person zu vermeiden. Doch die Auren der Paare, die romantisch verstrickt waren, "streckten sich" nach der anderen Person "aus". Außerdem, als sie gebeten wurden, sich zu küssen, wuchs ein orangefarbener Lichtball heran, etwa bis zu "Erbsengröße", und "zerplatzte" dann – anschließend wiederholte sich der Zyklus erneut. Stell dir mal vor, was beim Sex passiert! Jetzt stell dir noch dazu vor, was beim Sex passieren KANN, wenn du deinen Verstand auf das Intensivieren und das Lenken jener Energien fokussierst.

Also neben der wissenschaftlichen Tatsache, dass unsere Körper auf Elektrizität/Energie basieren, hat es sich auch gezeigt, dass diese Energien durch unsere Gedanken und Emotionen beeinflusst werden können.

Andere energetische Aspekte des tantrischen Sex beziehen etwas, das "Kundalini" genannt wird mit ein, und "Chakren". Beide sind spirituelle/mentale Energieaspekte, doch wir haben keine Zeit oder keinen Platz, um auf all das hier einzugehen. Es ist eine eigenständige Studie.

Im Grunde genommen, wenn du dich mit einem Sexualpartner "verbindest", vervollständigst du auch einen elektrischen Kreislauf oder "Energiekreislauf" (ist dir schon mal aufgefallen, dass unsere Geschlechtsorgane so gebaut sind wie "Stecker" und "Buchsen"?) Und diese "Verbindung" kann von deinem Verstand und deinen Emotionen dramatisch beeinflusst werden.

Ein weiterer Aspekt des tantrischen Yoga/Tantra-Yoga ist die Tatsache, dass wir wie die Erde "elektromagnetisch" aufgebaut sind.

Unter Verwendung der Techniken des tantrischen Sex, kann dieselbe unsichtbare Kraft, die veranlasst, dass eine Kompassnadel nach Norden zeigt, den Sex "optimieren" – unsere Körper, unsere Gedanken, unsere Gefühle und unseren Geist.

Alpha-Gehirnwellen, jene, die mit Entspannung und Meditation in Zusammenhang stehen, liegen im gleichen Frequenzbereich wie die "Resonanz-frequenz" der Erde. Wenn wir Sex wie eine Meditation angehen, wie es bei Tantra gemacht wird, gehen unsere Gehirnwellen in diesen Bereich hinein, und in weitere. Wir beginnen dadurch zusätzlich zur Energie, die beim tantrischen Sex zwischen unseren Körpern fließt, auch die Energie der Erde "anzuzapfen" und indirekt die, welche von der Erde "angezapft" wurde (die der Sonne) und die, welche von der Sonne angezapft wurde (die der Milchstraßen-Galaxie) und die, welche von der Galaxie angezapft wurde etc. – die vom ganzen Universum selbst. Und von der Einen Energie/dem einen Geist, der alles umfasst. Puh!!! Sprich darüber, wenn du nach dem Sex eine rauchst – du wirst einen ganzen Tabakladen brauchen!

Männer haben es "härter"

Sowohl Männer als auch Frauen haben beim tantrischen Sexualtraining und bei den Praktiken eine Rolle zu spielen. Aber in den frühen Stadien, in denen auch Frauen Visualisierung und Energielenkungstechniken anwenden, sind es vor allem die Männer, die das meiste Training machen (zumindest im Sinne des Selbst-Disziplin-Trainings). Das kommt daher, weil der Mann es am schwersten hat, seine Aufmerksamkeit/sein Bewusstsein aus den "kehligen {gutturalen}" oder niederen Schwingungsebenen von körperlichem Sex herauszubekommen und in die emotionalen und spirituellen Ebenen hineinzubekommen. Leider ist es, weil es vor allem eine männliche Übungs-"Sache" gewesen ist und weil so viele Kulturen männerdominiert waren, in einigen Kulturen auch sehr männlich orientiert geworden. Dies ist jedoch NICHT der Fall bei der "Urkraft-Tantra"-Form von tantrischem Sex, die von unserem Orden gelehrt wird.

Die Historie und Variationen von tantrischem Sex

Es gibt viele unterschiedliche Arten von tantrischem Sex, aus vielen unterschiedlichen Kulturen und Religionen. Manche bringen spirituelle Nähe, Glückseligkeit, unterstützen den Prozess der spirituellen Entwicklung/Erleuchtung, und helfen bei der Rückkehr zu einem spirituellen Daseinszustand. Dennoch beruhen manche Formen von tantrischem Sex auf Selbstsucht und sind eigentlich destruktiv (weil ein Partner seine [oder ihre] mentalen Kräfte gebraucht, um vom anderen spirituelle Energien und Lebensenergien abzuschöpfen, anstatt die Energien mit dem Partner(in) zu teilen).

Die Hauptarten des Tantra

Tantrischer Sex kann in drei Hauptarten unterteilt werden.

Eine ist eine "Geben-und-Nehmen Methode", bei der das Paar seine spirituellen Energien und seine Lebensenergien beim Sex teilt, und die Energien der Erde, des Universums/Geistes anzapft. Auf diese Weise bauen sich die Energien auf und nützen beiden Partnern. Das ist die Grundlage von unserem Ur-Kraft-Tantra tantrischen Sex.

Eine andere Methode könnten wir als eine "Nehmen"-Methode bezeichnen. Das Anwenden dieser Form des tantrischen Sex bezieht mit ein, dass ein Partner Visualisierung anwendet, um Nutzen vom anderen zu ziehen, um dessen Energien "abzusaugen" und "abzuschöpfen", und um es alles für sich selbst "in Beschlag zu nehmen". Das mag schwer zu glauben sein, doch es fundiert auf echter Wissenschaft.

Und schließlich gibt es noch "New Age"-Versionen, hinter denen keine Tradition steht und die oft nur Erfindungen sind, oder Modifikationen von jemandem, der darüber Bücher gelesen hat oder der es auf einem Seminar von jemandem gelernt hat, der auch nicht wirklich etwas darüber wusste oder dem irgendein traditionelles Training gefehlt hat. Ich weiß von einem solchen

"Tantra-Lehrer", der schon seit über einem Jahrzehnt kein unbeschriebenes Blatt ist und der sehr beliebt ist – er hat sogar Trainingsseminare für Lehrer. Er macht eine Menge Kohle damit, während er es als Vorwand verwendet, um seine Frau zu betrügen. Er praktiziert auch Schwarze Magie. Genau genommen verwendet er sie und die Androhung davon, um Frauen, die er will, zu zwingen und zu kontrollieren. Ganz gleich, ob du an Schwarze Magie glaubst oder ob du denkst, dass sich das alles nur im Kopf des Opfers abspielt, unterm Strich ist es für das Opfer das Gleiche.

Diese letzte New Age Art des Tantra kann einfach alles beinhalten. Manche Lehrer sind ehrlich und wollen den Leuten helfen, ihr Sexualleben zu verbessern, oder wollen denjenigen mit sexuellen Blockaden helfen, diese zu überwinden. Es kann seine Gültigkeit haben für sexuelles/emotionales Sensibilitätstraining, für sexuelles Offenheitstraining etc. Aber manchmal kann es auch nur eine Heuchelei sein.

Neben anderen Beeinträchtigungen kann eine solche "Heuchel"-Lehre den Leuten einen "Vorwand" geben, ganz normalen Sex von niedrigem Bewusstsein zu haben, während sie sich selbst (oder ein Sexualpartner) den Illusionen/Empfindungen hingeben, dass es "spirituell" sei. Es kann auch eine große "Anmache" sein, um zu beeindrucken oder um Sex von Leuten zu bekommen, die spirituell orientiert sind oder sich selbst als spirituell ansehen.

Es erstaunt mich, dass jemand "Tantra-Unterricht" von irgendeinem nehmen würde, der kein *echtes* Hintergrundwissen darin hat und der gar nicht wirklich versteht (weil sie es noch nie praktiziert haben), was aufrichtiges Tantra ist oder wie sie es machen sollen. Leute, die ein Mechaniker werden wollen, würden das nicht von irgendeinem lernen wollen, dessen einzige Erfahrung vom Lesen eines Buches kommt oder von der Teilnahme an einem Seminar von jemand anderem, der auch keine echte Ausbildung oder Erfahrung darin hat. Würden sie für etwas, dass so essenziell für das Leben und die Existenz ist wie spirituelle Sexualität, dennoch Anweisungen von einem "windigen"-Fälscher in Anspruch nehmen?

Vielleicht würden Kampfkünste einen besseren Vergleich abgeben. Immerhin sind Tantra und wahre Kampfkunst verwandte Disziplinen. Würde es nicht töricht sein, von jemandem Kampfkunstunterricht zu nehmen, der nicht wirklich in irgendeiner bewährten Art oder einer echten traditionellen Kampfkunst ausbildet? Selbst Bruce Lee trainierte sein ganzes Leben nach traditioneller Form, um dann später im Leben modifiziert und darüber hinaus verbessert, seinen eigenen Stil *basierend* auf dem alten Stil zu erschaffen, allerdings mit eingebundenen Aspekten aus bewährten Methoden, wie etwa Boxen. Aber er hat es nicht einfach nur "gechannelt" oder erfunden, oder etwas abgewandelt, das er gelesen hat.

Leute sind bei Yoga oftmals noch anspruchsvoller und suchen nach einem ausgebildeten, stilgerechten Lehrer. Und doch werden sie "Tantra"-Unterricht von jedem nehmen, der eine Werbeanzeige schaltet, die besagt, dass sie es unterrichten – ohne Qualifikationen, außer dass sie auf einem Seminar gewesen sind, das von irgendjemand anderem abgehalten wurde, der daraus sein eigenes Ding machte (um Geld zu machen oder um Sex zu bekommen).

Es hat seinen Grund, warum Traditionen, Traditionen sind. Und ja, manchmal müssen sie wachsen und sich weiterentwickeln – aber jedes echte Wachstum und jede echte Entwicklung kommt von jemandem, der zuerst die Tradition *gemeistert* hat und es dann verbessert hat – in dem Fall wird es noch seine "Wurzeln" in der Tradition haben. Und wie bei "echter" traditioneller Kampfkunst wird nicht einfach irgendjemand, der einen Dollar zum Bezahlen hat, darin trainiert. Es ist Teil einer ganzen Lebensweise. Wen würdest du in einem Kampf an deiner Seite haben wollen, jemand, der besser ist als Bruce Lee, oder einen Kerl, der bei einem Seminar einige Kampfkunst-Techniken von einer ehemaligen Empfangsdame "aufsammelte", die es mittels eines Seminars erhielt? Wenn du irgendwann mal angegriffen würdest und dich selbst verteidigen müsstest, oder eine unschuldige Person, was würdest du gerne "unter deinem Gürtel" haben – das leicht Spaß-"Training" eines Wochenendseminars oder ein paar wöchentliche Trainingseinheiten, oder Jahre an Disziplin & Training von einem Lehrer, der das gleiche Training aus einer Linie von Lehrern absolviert hat, die jahrtausendelang Angriffe überlebt haben?

Echtes, traditionelles Tantra Training, unabhängig davon, ob es die erste oder die zweite Art ist, nimmt genauso viel Zeit und Disziplin in Anspruch, um es zu lernen, wie traditionelle Kampfkunst oder Yoga Training (nur, dass es mehr Spaß macht!).

Die "Nehmen" Methode

Einige Methoden, vor allem solche, die ihren Ursprung im Orient haben, sind sehr sexistisch – zum Vorteil des Mannes ausgerichtet. Diese Methode lehrt typischerweise Männern das zu praktizieren, was im Grunde Energie-"Vampirismus" ist. Sie lernen Techniken, um im Grunde die Vitalenergien (siehe unseren Webseitenlink "tantrisches Yoga/Tantra-Yoga" für weitere Details) von ihrem weiblichen Sexualpartner "abzusaugen", nehmen alles für sich selbst und lassen ihren Partner ausgelaugt zurück. Dies hat für das weibliche Wesen auf verschiedene Weise negative Einflüsse zur Folge – es hat äußerst schädliche emotionale, physische und spirituelle Auswirkungen. Es kann dazu führen, dass Frauen ein schwächeres Immunsystem haben, jünger altern und jünger sterben, während die Männer jugendlicher bleiben und ein längeres Leben haben. Der folgende Absatz ist eine wahre Geschichte, die dies veranschaulicht.

Einem Chinesischen Kung-Fu Meister, der sehr alt war (wenn ich mich recht erinnere 140?), ging letztendlich "die Luft aus" und er begann allmählich zu sterben. Also fing dieser alte Mann an, täglich in Bordelle zu gehen, und hielt sich dadurch "aufgeladen" und lebendig, indem er von den Prostituierten die Lebensenergien absaugte. Er tat dies täglich. Nachdem die "Bordellmütter" oder die "Zuhälter" zu bemerken begannen, dass ihre "Mädchen" so schwach und müde wurden, dass sie nicht mehr in der Lage waren, ihre Arbeiten zu verrichten, wurde der Mann aus all den Bordellen in der Gegend verbannt und starb daraufhin.

Aber auch wenn ein solches "einseitiges" Tantra-Training üblicherweise "männerseitig" ausgelegt ist, so ist es doch keineswegs nur für Männer gedacht. Ich traf einmal eine berühmte Schauspielerin aus der Frühzeit des Kinos, die für ihre unverfrorene Sexualität bekannt war, sowohl auf der Leinwand als auch privat. Nicht unbedingt dafür bekannt, dass sie (gelinde gesagt) sexuell schüchtern sei, sagte sie mir, dass sie jugendlicher und lebendiger blieb, indem sie "Sex-Magie" einsetzte, um die Energie von den Männern, mit denen sie Sex hatte, abzuschöpfen. Sie hatte über ihrem Bett auch eine Pyramide, um ähnliche Vorteile von der konzentrierten Universalen Lebensenergie, die diese bereitstellte, zu erlangen (frag mich nicht, woher ich das weiß).

Der spirituelle Orden, dem ich angehöre, und viele andere auf Mitgefühl ausgerichtete spirituelle Pfade, betrachten jene Arten von tantrischen Praktiken als höchst missbräuchlich, destruktiv, und sie sollten niemals ausgeübt werden. Wir glauben, dass jene, die solche Methoden praktizieren, ernsthafte karmische Rückwirkungen davon erleiden werden.

Die "Geben & Empfangen" Methode – Ur-Kraft Tantra

Unser spiritueller Orden hat schon immer einen auf "Geben" und "Teilen" ausgerichteten tantrischen Sex praktiziert, der für spirituelles Wachstum und für körperliche Gesundheit hilfreich ist. Es kann aus Gründen, die deutlich werden, als "Ur-Kraft Tantra" bezeichnet werden.

Ur-Kraft Tantra ist eine Form des Tantra, die sowohl unserer engelhaften spirituellen Natur als auch unserer tierischen Natur zugutekommt. Sie erlaubt jeder unserer Naturen rein und funktional zu sein, sowohl unabhängig voneinander wie auch in Harmonie als Eins. Gleichzeitig hilft sie unserer spirituellen Seite, ihr selbstsüchtiges Suchtverhalten nach niedriger schwingendem Sex zu überschreiten und zu unseren spirituellen Ursprüngen zurückzukehren.

Unserer Meinung nach ist Ur-Kraft Tantra die beste und "höchste Schwingungs"-Form von spiritueller Sexualität. Es ist die älteste, bewährteste und wirksamste Praktik von spiritueller Sexualität/sexueller Meditation, die existiert.

Eine Warnung: Da während der Ausbildungsstufen des tantrischen Sex Männer noch keine totale orgasmische Kontrolle entwickelt haben, ist es möglich, dass eine Schwangerschaft eintreten kann. Genau genommen zieht das traditionelle Training im Anfangsstadium das in Betracht und erlaubt es hierfür. Wenn zu deinen Überzeugungen das Verwenden von Verhütungsmitteln gehört, willst du sie vielleicht weiterhin verwenden, bis dass tantrischer Sex gemeistert ist. Spätere Stadien der Ur-Kraft-Tantra-Entwicklung ermöglichen es, selbst zu bestimmen, wann und ob es zu einer Empfängnis kommen soll, auch ohne Verhütungsmittel. Es ermöglicht auch "spirituell bewusste Empfängnis" zu haben. Wenn du dich dafür entscheidest Kinder zu haben, glauben wir, dass Ur-Kraft-Tantra-Training, ordnungsgemäß ausgeübt nebst anderem spirituellem Training, dazu führen wird, höher bewusste, spirituell ausgerichtete Kinder zu haben.

Jedenfalls empfehlen wir dringend, dass das Training nur von Individuen praktiziert wird, die sich in einer gänzlich hingebungsvollen, festen Beziehung befinden und dieselben spirituellen Ideale haben. Daher, wenn sie Kinder haben, werden sie alle die Gelegenheit für ein gutes und dauerhaftes spirituelles Familienleben haben.

Ur-Kraft Tantra vs. Zölibat

Zölibat, das Praktizieren des Verzichts auf Sex, hat spirituelle Vorteile. Es kann aber auch physische Probleme verursachen und kann bestimmte ungesunde emotionale und mentale Probleme verstärken, wenn sie bereits bestehen.

Zuerst die physischen Nachteile. Es genügt zu sagen, dass es für ein Tier unnatürlich ist, keinen Sex zu haben, zumindest während der Fortpflanzungszyklen und in den reproduktiven Jahren seines Lebens. Und der menschliche Körper *ist* ein Tier (abgesehen von ein paar Leuten, die ich kenne, die Gemüse und Mineralien sind). Zwar bleiben viele der Feinheiten von den "Funktionsweisen" des menschlichen Körpers für die moderne Wissenschaft unbekannt, aber ist es nicht schwer zu realisieren, dass es, wenn man ihm um eine seiner grundlegenden natürlichen Funktionen beraubt, Nebenwirkungen haben wird.

Dem Körper nicht zu erlauben, seine natürlichen sexuellen Funktionen auszuüben, kann vor allem bei Männern negative Auswirkungen auf die Gesundheit des Körpers haben, einschließlich der Erzeugung von Prostataproblemen. Auch deine mentale Einstellung gegenüber Sex und ob du es als etwas Spirituelles ansiehst oder nicht, kann die physische Gesundheit beeinflussen und insbesondere die Gesundheit der Prostata bei Männern. {A.d.Ü.: Siehe dazu auch, was Paavo Airola in "Natürlich gesund" über Prostataleiden schreibt.}

Was aber am wichtigsten ist, deine Einstellung kann deine mentalen und emotionalen Zustände widerspiegeln und beeinflussen. Und diese können mehr als dich nur physikalisch beeinflussen. Sie können sich auch auf deine ganze Art der Interaktion mit anderen auswirken und auf das Leben selbst. Mehr darüber in einer Minute, zuerst aber lass uns den physischen {körperlichen} Einfluss behandeln.

Der männliche Körper hat, falls er nicht so oft zum Orgasmus kommt, wie er möchte oder muss, einen eingebauten Sicherheitsmechanismus – "feuchte Träume". Wenn es aber deine Einstellung ist, die dich vor normaler sexueller Aktivität abhält (im Gegensatz zum bloßen physischen Zölibat), reicht das vielleicht nicht aus, um dich gesund zu halten. Ich litt während meiner Zeit als junger Mönch unter Prostataproblemen und -infektionen. Ich hatte entschieden, zölibatär zu sein, auch wenn ich eine Beziehung hatte. Das war damals nicht die normale Praktik, aber ich mit meiner jugendlichen Naïvität und meinem Ego glaubte, dass Sex, auch Ur-Kraft Tantra tantrischer Sex, nicht sowas war, woran eine spirituelle Person teilhaben sollte (und außerdem hatte ich Leistungsangst). Ich hatte feuchte Träume, doch meine mentale Einstellung war in Bezug auf Sex immer noch negativ. Ich verstand damals nicht, dass alles im Universum auf irgendeiner Form von polar entgegengesetzter Interaktion basierend war (d.h., "Sex"). Ich bin mir sicher, dass es meine mentale Einstellung war, die meine Prostataprobleme verursachte. Niemand sonst hatte Prostataprobleme, auch wenn sie die erste Stufe Ur-Kraft Tantra praktizierten und nur einmal im Monat einen Orgasmus haben durften, hatten sie dennoch täglich Geschlechtsverkehr. Aber niemand sonst hatte ein "Problem" damit, dass tantrischer Sex "un-spirituell" sei. [Übrigens, bevor du mit so einer Übung beginnst, solltest du vielleicht deinen Arzt fragen. Sie sind normalerweise dagegen. Meiner sagte mir, es könnte Prostataprobleme verursachen – und das ging natürlich ebenfalls in meine mentale Aufbereitung.]

Die Effekte, die die mentale Einstellung oder Zölibat auf Frauen haben können, sind nicht so leicht "festzunageln", wie sie es bei Männern sind. Im Großen und Ganzen aber haben wir gewisse gemeinsame Schwachstellen bei Zähnen, Zahnfleisch und physischer Stärke/allgemeinem Wohlbefinden gesehen. Das ist natürlich eine Allgemeingültigkeit. Aber betrachte die Konzepte von der elektrischen und der Kundalini/Chakra Funktion des Körpers. Die unteren Chakren, manchmal auch als "Wurzel"- und "Geschlechts"-Chakren bezeichnet, sind (sozusagen) die Stromversorgungen für den Rest des Wesens. Hier ist eine Analogie – du könntest das technisch ausgereifteste Stereo-System oder Heimkino-System der Welt haben, aber wenn du es nicht angeschlossen hast an die rohe Kraft, die aus deiner Wandsteckdose kommt, wird es dir nicht viel nützen. Es MUSS die rohe Ur-Kraft haben, um es in die feineren Arten von Kraft {Strom, Elektrizität} umzuwandeln, die deine Musik oder Filme abspielen wird.

Abgesehen vom physischen Aspekt können Leute, die *aufgrund von Verweigerung oder Vermeidung von Sex* den Zölibat praktizieren, dazu tendieren, emotional und spirituell kalt und distanziert zu sein. Manchmal ist es auch von Bitterkeit, von Wut oder unterdrückter Wut begleitet. All das wird natürlich auch einige physische {körperliche} Beeinflussungen haben.

Sofern ordnungsgemäß praktiziert, hat Ur-Kraft Tantra all die *nützlichen* Aspekte des Zölibats, ohne dass es irgendeinen der Nachteile des Zölibats hat oder zölibatär *sein* muss. Du kannst zum Beispiel immer noch Sex haben, doch der Verstand, der Körper und die Emotionen sind auf die "höheren" Bereiche wie etwa Liebe, Fürsorge und die spirituellen/Universalen Lebensenergien ausgerichtet. Genau genommen bringt Ur-Kraft Tantra diese Dinge besser zuwege als das Zölibat und hat viele andere Vorteile (einschließlich, dem menschlichen Körper, in dem wir leben, gleichzeitig zu ermöglichen, natürlich und gesund zu funktionieren).

Die zusätzlichen spirituellen Vorteile von Ur-Kraft Tantra gegenüber dem Zölibat sind zahlreich. Erst mal ist eine extrem kraftvolle Selbst-Disziplin erforderlich und wird demzufolge entwickelt. Dann gibt es die Überschreitung von körperlicher Lust und Sex-Sucht.

Lass mich das Alkoholbeispiel verwenden, das ich in *Sex & der Spirituelle Kerl (oder Frau)* verwendet habe. Es ist nicht das tollste Beispiel auf der Welt, du solltest aber, wenn du willst, das Wesentliche verstehen. Die meisten Alkoholiker vermeiden Alkohol zur Gänze und fassen niemals auch nur einen Drink an (und so sollte es für die meisten Alkoholiker auch sein). Abgesehen mal von den gesundheitlichen/spirituellen Problemen in Bezug auf Alkohol, würde es nicht eine größere Beherrschung des Selbsts sein, eine größere Selbst-Disziplin, wenn man in der Lage ist, nur einen einzigen Drink zu sich zu nehmen und dann aufzuhören? Würde es nicht noch mehr Willensstärke, Selbst-Disziplin und Überwindung der selbstbeherrschenden Begehren erfordern, wenn man in der Lage ist, einen Schluck in den Mund zu nehmen und ihn abzuschmecken, ohne ihn dann runterzuschlucken? Wer würde die größere Transzension über seine niedere Natur erreichen, der Alkoholiker, der das Zeug nie anrühren darf oder derjenige, der es abschmecken kann, aber es nicht trinkt? Wendet man dies auf Sex an – welche der folgenden Disziplinen ist wohl *schwieriger* – gänzlich vom Sex fernzubleiben, oder ihn auszuüben ohne einen physischen Orgasmus zu haben (besonders für einen Mann)? Welche von beiden erfordert wirklich die *meiste Selbst-Disziplin* (besonders für einen Mann)? Und welche Methode bietet somit die größte Transzension und Befreiung von den niederen Begehren & dem tierischen Körper, und somit den größten spirituellen Gewinn?

Die Grundlagen von Ur-Kraft Tantra

Beim Ur-Kraft Tantra geht es darum, dem Körper zu erlauben, Sex zu haben, während man ihn mental und spirituell überschreitet/sich davon löst und die Aufmerksamkeit/das Bewusstsein auf die mentalen/emotionalen/spirituellen Bereiche richtet. Es umgeht auch die spirituell abträglichen Aspekte der normalen (selbstsüchtigen) sexuellen Aktivität und vermeidet negative tantrische Sexpraktiken.

Tantra wird, genau wie guter Wein, mit zunehmendem Alter immer besser

Das traditionelle Training, um Ur-Kraft Tantra zu meistern, einschließlich unseres weiterentwickelten Tantra "Magischer Sex", geht in drei Stufen und dauert drei Jahre – eine Stufe pro Jahr. Wir werden aber nur Instruktionen für das Meistern von Ur-Kraft Tantra geben, du kannst das daher auf zwei Jahre verkürzen – für traditionelles Training. Natürlich bist du kein Mönch, der sein traditionelles Training in einem Kloster macht, daher kann dies für dich entsprechend angepasst werden.

Spirituelle, mentale und physische Transformation geschieht im Verlauf des gesamten Trainings. Aber wenn man am Punkt angekommen ist, um die Meisterung zu erreichen, findet eine große Transformation {Umwandlung} statt, die das Individuum in vielerlei Hinsicht beeinflusst. Sie entwickeln neue emotionale und spirituelle/psychische Sensibilitäten {Feingefühle}, neue Fähigkeiten und erreichen eine neue Intimität und "Einsheit" mit ihrem Lebensgefährten. Wenn du dich auf irgendeinem wahren spirituellen Pfad befindest, wird es dir auch beim Erreichen deiner spirituellen Ziele behilflich sein.

Diese Form der spirituellen Sexualität ist auf so vielen neuen Ebenen soooooo viel mehr ekstatischer und erfüllender, dass es, wenn man es mal erlebt hat und sich dann entscheiden würde, wieder normalen herkömmlichen Sex zu haben, so wäre, als ob jemand, der sehen, hören und sprechen kann, sich dafür entscheiden würde, blind, taub und stumm zu sein. Und außerdem wird der physische Sexakt schlussendlich irrelevant, und die Gefühle von selbstloser Liebe, spiritueller orgasmischer Ekstase etc., können erfahren werden, egal ob der Körper beteiligt ist oder nicht. Es kann sich sogar spontan ereignen, während man beim Lebensgefährten(in) ist, oder getrennt ist – sogar in Träumen. Zeit und Raum können euch nicht mehr trennen. Nochmals, dies kann auch mit Zölibat in Kombination mit anderen spirituellen Praktiken erreicht werden, wie z. B. Meditation, Yoga, zusammen mit Methoden zum Überschreiten der Illusion der Abgetrenntheit. Allerdings erfordert das Praktizieren von Ur-Kraft Tantra mehr Selbst-Disziplin, wodurch es im Allgemeinen schneller geht und eher eine "sichere Sache" ist.

Das Verpflichten zu Deinem Training

Ur-Kraft Tantra Training erfordert Entschlossenheit, Selbstverpflichtung, Überzeugung und Konzentration. Wenn du hierfür Zeit und Mühe aufbringst, wirst du belohnt. Aber mach die Selbstverpflichtung oder fang erst gar nicht an – du würdest nur deine Zeit verschwenden, wenn du nicht bei der Stange bleibst.

Hier ist ein mittelmäßiges Beispiel basierend auf dem vorherigen Alkoholikerbeispiel: Ur-Kraft Tantra Training zu praktizieren ist etwa so, als ob ein Alkoholiker sich dazu entscheidet, jeden Tag zu trinken, es aber niemals runterschluckt. Wenn sie es schaffen, durch die harten Anfangszeiten durchzukommen, werden sie unglaubliche Willenskraft entwickeln. Und nachdem sie diese Selbst-Disziplin vollkommen gemeistert haben und nicht länger durch ihre Selbst-Triebe kontrolliert werden, um sich einen Drink zu genehmigen, können sie ihn sogar hin und wieder runterschlucken (wir sprechen natürlich bei Tantra von etwas, das gut für dich ist, nicht so was Abträgliches wie Alkohol). Ich weiß, das ist ein bisschen verwirrend, daher solltest du es vielleicht noch mal lesen, und anschließend weiterlesen.

Jetzt leg das obige Beispiel in den sexuellen Bereich, und du wirst eine Vorstellung von dem Training bekommen, das damit verbunden ist. Ein Mann hat jeden Tag Geschlechtsverkehr, soll aber keinen Orgasmus haben. Dies ist Teil des Basistrainings. Bevor irgendetwas anderes bewerkstelligt wird, MUSS der Mann lernen, Orgasmen zu kontrollieren, und MUSS seine sexuelle Sichtweise, dass "der ganze Sinn von Sex darin besteht, einen Orgasmus zu haben", die jeder Mann hat, beiseite räumen. Dies ist eine gewaltige Veränderung und erfordert totale Selbst-Disziplin. Und Ur-Kraft Tantra Training erzwingt es.

Richtig ausgeführt, gehen die Strapazen dieser Trainingsperiode letztendlich vorbei. Es verändert sich nach dahin, wo es nicht länger "eine Selbst-Disziplin", eine bewusste Anstrengung, oder überhaupt bewusst ist. Es wird alles zur selbstverständlichen Gewohnheit. Du könntest sogar "den Anschein haben", als hättest du normalen herkömmlichen Sex, und so tun, als ob, aber gar keinen "normalen herkömmlichen" Sex haben. Du wirst tantrischen Sex haben, unabhängig davon, was dein Körper tut. Die Stellungen werden keine Rolle spielen, die Bewegungen werden keine Rolle spielen, nichts wird die wundersame permanente innere Wandlung verändern, die du sicherlich gemacht hast.

Sobald ein Mann Tantra meistert, wird seine ganze Ansicht über Sex, über Beziehungen mit Frauen und über Spiritualität, eine Veränderung durchmachen. Dann können sie anfangen, die höheren emotionalen und spirituellen Energien zu erfahren, die mit ihrer Beziehung zu tun haben, und mit allem Leben – zwei spirituelle Wesen, die miteinander Energie austauschen, und mit dem ALLEM.

Und mit der Zeit werden nicht nur all die oben erwähnten Vorteile erfahren, sondern auch das Verschmelzen der höheren Emotionen und das Fließenlassen der tierischen Leidenschaften, während jene Gefühle in die spirituellen Bereiche übertragen werden. Das Gesamtergebnis? Ist das Überschreiten des selbstsüchtigen abgetrennten tierischen Selbsts, das Überwinden der "Sucht" nach sexueller Selbstnachgiebigkeit, das Erreichen eines höheren spirituellen Bewusstseins und das Bewegen in Richtung Einsheit mit dem Universum/Universalen Geist. UND dass du den unglaublichsten Sex hast, den du jemals hattest – etwas, was für dich im Augenblick unmöglich ist, um es sich überhaupt vorzustellen.

Um ein Beispiel zu nennen

Offensichtlich kam ich irgendwann über meine Blockaden hinweg, ging durch meine drei Jahre des Trainings und meisterte die Praktik. Können wir sagen "multipler orgasmischer kosmischer spiritueller Sex, der länger als einen Tag dauert, wenn du das willst"? Mein persönlicher Rekord ist 28 Stunden, und meine Lebensgefährtin hatte Hunderte (wenn nicht mehr) Orgasmen während dieser Zeit, die zu einem durchgängig fortlaufenden spirituellen Orgasmus wurden. Und es wurde alles gegenseitig erfahren. Danach stiegen wir ins Bett, um schlafen zu gehen, aber stattdessen verließen wir augenblicklich gemeinsam unsere Körper, und unsere Geister bereisten den Kosmos und vereinigten sich mit ihm wie zwei Kometen, die gemeinsam herumwirbeln und deren Schweife wie DNA-Lichtstränge verflochten waren, die sie durch die Galaxien hindurch nachzogen. Habe ich schon erwähnt, dass dieses schwierige Training sehr lohnenswert ist und sich am Ende wirklich auszahlt?

Nun zur Schattenseite

Natürlich musst du eventuell eine Pause einlegen und irgendwann zur Toilette gehen – tja.

Boot Camp – das Basis Training

Im Kontrast zu der relativ kurzen Zeit, die ein militärisches "Boot Camp" dauert (was einem, da bin ich mir sicher, wie eine Ewigkeit vorkommen kann), dauert, wie ich vorhin erwähnte, die traditionelle tantrische Ausbildung unseres Ordens, drei Jahre. Jetzt nur keine Panik, du gehörst wahrscheinlich nicht zu unserem Orden. Für alle andern, die dies lesen, ihr könnt, was das angeht, die Zeiträume oder etwas anderes so abändern, dass sie für euch passen, für euren Lebensgefährten(in) passen, für eure Ziele passen und für euer Tempo zur Verwirklichung passen. Es ist wie "Hausunterricht" für Kinder – ihr könnt es schneller oder langsamer durchgehen, je nachdem wie gut ihr es macht und was ihr daraus erzielen wollt. Die drei Jahre sind nur die empfohlene Zeit und sind Tradition.

Das erste Jahr konzentriert sich hauptsächlich auf den Mann, damit er lernt, absolute Kontrolle über seinen Orgasmus zu haben (nicht andersrum, wie es normalerweise der Fall ist). Er sollte außerdem anfangen, seine

Energievisualisierungsfertigkeiten zu entwickeln, und die Fähigkeit, sich auf die Frau "Einzustimmen" und auf ihre Orgasmen.

[Anmerkung: Wir haben 2 Begleit-CDs für Ur-Kraft Tantra tantrische Sexpraktik und Training (siehe die Info gegen Ende des Buches). Sie sollen während des eigentlichen Trainings abgespielt werden (beim "Sex"). Der sprachlich geführte Teil ist auf beiden CDs der gleiche, eine hat aber klassische Musik im Hintergrund (Ravel's Bolero, gefolgt vom Crescendo aus Daphne & Chloe), während die andere die "Vibrationsklänge" hat, die dabei helfen, einen tiefen meditativen Zustand herbeizuführen.]

Vorbereitende Maßnahmen zu den Physischen Aspekten des Trainings

Bevor man anfängt, muss ein "Signal" zwischen dem Mann und der Frau vereinbart werden, das der Frau wissen lässt, dass sie sich "nicht mehr rühren soll!" (damit aufhören soll, sich sinnlich zu bewegen oder *irgendwas* Sinnliches zu tun). Das Signal wird eingesetzt, wenn der Mann knapp davor ist, "die Kontrolle zu verlieren" und kurz vorm Orgasmus ist. Es kann jedes beliebige Signal sein, das für euch beide gut funktioniert, wie beispielsweise ihr auf das Knie oder auf das Bein zu tippen, sie im Sinne von "halt-mal-still" an die Taille zu fassen (mein Favorit), einfach zu sagen "stopp" oder nach einem Notfallalarm Schalter zu greifen (Letzteres ist nur anzuwenden im Falle eines extremen Feuers oder Hochwassers, das zur gleichen Zeit auftritt, wenn der Mann nahe an einem Orgasmus ist. Was nicht allzu oft vorkommt). Natürlich funktioniert in einer Notlage auch ein Judohieb an den Hals, aber üblicherweise versuchen wir das zu vermeiden. Jedoch all die Scherze beiseite, es ist wichtig, dass die Frau *hierfür sehr sensibel ist* und *sofort* stoppt, *wenn das Signal gegeben wird*, auch wenn sie gänzlich in das Tantra hineingezogen sein mag oder weitermachen will, weil sie dabei so viel Vergnügen hat oder dabei ist, einen Orgasmus zu haben. Auch wenn sie *mitten* in einem Orgasmus ist, *muss* sie sich selbst kontrollieren und stoppen. Dies ist schließlich ein wichtiges Training, und beide Partner müssen ihre Prioritäten richtig gesetzt haben, anstatt sich übermäßig in ihr eigenes Vergnügen hineinzusteigern und *irgendetwas* fortzusetzen (auch nur *geringfügig*), das dazu beitragen könnte, dass der Mann zu weit geht und einen Orgasmus hat.

Männer – denkt daran, dass ihr nicht in die Falle tappen solltet, so zu tun, als hättet ihr es bloß "zu weit getrieben" und nicht anders konntet, als "die Grenze zu überschreiten" und einen Orgasmus zu haben. Es gibt sowohl ein bewusstes als auch unterbewusstes Begehren, einen Orgasmus zu haben, das überschritten werden muss, wenn das Training erfolgreich sein soll.

Männer & Frauen – Obwohl es vor allem der Mann ist, der seinen Orgasmus zum Vergnügen will, haben beide Partner es mit biologischen Fortpflanzungstrieben zu tun – der Mann will seine Samen pflanzen, und die Frau will, dass sie wachsen. Seht euch also vor, dass ihr nicht auf irgendeinen "Quatsch" oder auf irgendwelche "Spielchen" darüber hereinfällt, "aus Versehen" einen Orgasmus zu haben, wenn es in Wirklichkeit kein Versehen war und der Mann es absichtlich entweder zu weit trieb oder die Frau ihm über die Grenzen seiner Fähigkeiten trieb, absichtlich. Frauen, dies gilt auch für die "innere Einstellung". Wenn ihr trainiert oder einen Mann helft, um zu trainieren, senkt sein Verlangen danach einen Orgasmus zu haben, ganz gleich, ob es sein Ego ist, ob er nett sein will oder ob er Kinder machen möchte.

Das Training des Mannes verlangt, dass er "bis zum Äußersten geht" und während der Ur-Kraft Tantra tantrischen Sexpraktik so "nahe" wie möglich "an dieser Grenze" ist, *ohne* einen Orgasmus zu haben. Es kann also gelegentlich passieren, dass er wahrlich aus Versehen einen Orgasmus hat. Wenn das passiert, sollte es keine Verurteilung oder Gefühle von Negativität darüber geben, weder von der Frau noch vom Mann, der sich dann schuldig fühlt, oder so, als ob er es nicht gut machen würde. Das kann das Training nur behindern und könnte letztendlich ein negatives Muster erschaffen. Seht euch einfach vor, dass ihr euch hinsichtlich der wahren Ursache (wie im obigen Absatz) selbst nichts vormacht. Um irgendeine erstrebenswerte Fertigkeit im Leben zu erreichen, bedarf es Training, Zeit, Geduld und Disziplin – dies hier ist nicht anders. Diskutiert es. Verbal und emotional offen miteinander umzugehen, ist wichtig.

Sofern ihr es wünscht, könnt ihr vor euren Tantra-Sessions eine angenehme spirituelle Atmosphäre erzeugen, mit einer oder mehreren Kerzen, und ihr könnt ein paar reine Kügelchen Weihrauch & Myrrhe verbrennen (nicht die unreinen Räucherstäbchen oder -kegel). Tut nichts, das ein Feuer entfachen könnte, ok?! {A.d.Ü: Verwendet dazu am besten Räucherkohle und Sand.}

Die Physischen Aspekte des Trainings

Und so wird das Training "im ersten Jahr" gemacht:

Wenn ein "Vorspiel" erforderlich ist, beginnt damit, aber nur mit dem minimal notwendigen Umfang, um den Lubrikations- und Erregungsgrad zu gewährleisten, der für den Geschlechtsverkehr erforderlich ist. Es ist allerdings während der Jahre/Phasen des "Basistrainings" für den Mann zwingend notwendig, eine Erektion zu haben. Später wird Tantra unabhängig davon funktionieren.

Tantrastellungen

Der Mann sollte auf dem Rücken liegen und die Frau sollte sich vorzugsweise, wenngleich obenauf zu liegen schön ist, in irgendeiner sitzenden Form oder aufrechten Stellung über ihn begeben. Es ist für den Mann ebenfalls in Ordnung, wenn er dabei sitzt, normalerweise ist es aber einfacher, wenn er unten liegt. Ganz gleich welche Tantrastellungen gewählt werden, eine der Prioritäten ist es, sicherzustellen, dass es eine Stellung ist, die die Frau genießt. Sie sollte in einer Stellung sein, die für sie sexuell erregend ist und die ihre Chancen auf einen Orgasmus optimiert. Konträr zum Ziel des Mannes (welches darin besteht, dass er sich in diesem Trainingsabschnitt vom Orgasmus zurückhält) kann die Frau (und sollte) nach Belieben so viele Orgasmen wie möglich haben (allerdings nicht erzwungen, nur was natürlich fließt). Dies speist "Lebensenergie" in den "Kreislauf" ein, der von beiden Partnern durch den Einsatz ihrer Gedanken aufgebaut wird. Desgleichen ist es ebenso von Priorität, dass eure Wahl der Tantrastellungen eine sein muss, die es dem Mann so einfach wie möglich macht, sich davor zurückzuhalten, zu sehr erregt zu werden/einen Orgasmus zu haben. Versucht also die beste Balance zu finden.

Die Frau kann sich frei bewegen, auf & ab, wie auch immer, um sich selbst zu stimulieren und um selbst Vergnügen daran zu finden. Genau genommen sollte sie in diesen Phasen **all** das Bewegen machen, während der Mann so still wie möglich bleibt.

Der Hauptgrund für die beiden oben genannten Einschränkungen ist, dass es für einen Mann schwerer ist, sich vom Höhepunkt zurückzuhalten, wenn er obenauf ist, oder wenn er sich am "Bewegen" beteiligt. Mach dir keine Sorgen, das ist nicht für immer – wenn sexuelles Tantra erst einmal gemeistert ist, kann der Mann in einer beliebigen Stellung sein und sich bewegen, ohne dass das Risiko eines Orgasmus besteht.

Das Mentale Training

Zuerst lass uns das mentale Training für den Mann behandeln. Für die meisten Männer wird ihre erste Hürde einfach die sein, einen Orgasmus zu verhindern. Männer mussten schon immer mit dieser Art von Problem umgehen und sind oft dazu übergegangen, sich etwas vorzustellen, das sexuell nicht erregend und manchmal ein "Abtörner" ist. Indem sie zum Beispiel an Sport denken, an ihre Schwiegermutter etc. Doch offenbar bezieht Ur-Kraft Tantra tantrisches Sex-Training etwas ganz anderes mit ein.

Das Folgende ist eher als esoterische Sache zu begreifen und daher schwer zu erklären, aber hier kommt es. OK, ich spreche jetzt die Kerle an (obwohl die Frauen dies auch lesen sollten, weil es ins totale Verstehen hineingeht). Im frühen ersten Jahr Ur-Kraft Tantra Training ist die effektivste Visualisierung, die dabei hilft einen unkontrollierten Orgasmus zu verhindern, dass du dir selbst bildlich vorstellst, als seist du weiblich. Ich rede nicht über Dinge wie Brüste zu haben, Kleider zu tragen etc. Doch es geht darum, sich mental in den "empfänglichen Polaritätsmodus" hineinzuversetzen und sich vorzustellen, dass deine Lebensgefährtin ein Mann ist und dich mit dem männlichen Organ durchdringt, anstatt andersrum. Das erscheint dir vermutlich seltsam, doch es ist eine sehr effektive und einfache Möglichkeit, um einen Orgasmus zu verhindern. Es behält auch den Verstand innerhalb der Beziehung und innerhalb des Energieaustauschs, anstatt sich Gedanken über irrelevante Dinge wie Sport zu machen. Diese Technik ist auch die Anfangsstufe des Trainings, um das tantrische spirituelle Energiezirkulationssystem zu visualisieren, das du im Laufe der Zeit immer mehr entwickeln wirst – der Energiefluss beginnt mit der Frau, und geht zum Mann, und dann wieder zurück.

Sinn und Zweck ist es, Empfänglichkeit zu entwickeln. Empfänglichkeit für die Energien, die zwischen den Sexualpartnern erzeugt werden, und sogar für jene von der Natur, von der Erde, und vom Universum/Geist. Jedes Mal, wenn die Frau einen Orgasmus hat, injiziert sie dir Energie – alle Arten von Energie – sexuelle Energie, spirituelle Energie, emotionale Energie, mentale Energie, physische Energie, Reiki/universale Lebensenergie etc. Dies beinhaltet auch Energie aus verschiedenen Chakra-Frequenzen, von der niedrigsten bis zur höchsten, ist aber nicht darauf beschränkt. Und sogar Energie vom Universalen Geist, wenn sie eine spirituell orientierte Frau ist (wovon wir ausgehen, dass sie das ist, weil sie dies mit dir tut). Und es bist nicht nur du, der diese

Energieinjektion/-infusion bekommt – sie geht in das Ganze – in die "Einsheit", die durch das Vereinigen von euch zweien erschaffen wird.

Daher solltest du es, jedes Mal, wenn sie einen Orgasmus hat, visualisieren {es dir bildlich vorstellen} und solltest dich emotional wie eine Frau fühlen, solltest empfänglich sein zu dieser Energie und diesem Gefühl, so als ob sie ein Mann ist, der in dir (die Frau in diesem Fall) einen Orgasmus hat.

Sobald du dich damit wirklich wohlfühlst und die Visualisierung in den Griff bekommst, solltest du anfangen, dich eher auf den energetischen Orgasmus zu konzentrieren, den sie in dir hat, anstatt ihn als physisch zu betrachten. Hier geht es um all die Energie, die produziert, die übertragen und aufgeteilt wird, wenn zwei gegenteilige Polaritäten miteinander interagieren – genauso wie Elektrizität, Magnetismus, Atome und Sonnensysteme. Und da sie diejenige ist, die ausströmend ist und jedes Mal die Energien erzeugt, wenn sie einen Orgasmus hat, bist du derjenige, der sie empfängt. Manche Indianerfrauen haben ihre orgasmische Energie sogar zum Heilen eingesetzt. Nimmt man Haushaltsstrom als Metapher her, ist es so, als ob dein Penis ein haushaltsüblicher Stromstecker ist, der an eine Steckdose angeschlossen ist, oder dass du eine Glühbirne bist, die in eine lebende Fassung eingeschraubt ist (tolle Wortwahl, hä?).

Jetzt, nachdem du diesen Teil gemeistert hast und kein Problem damit hast, einen Orgasmus zu verhindern, unabhängig davon, wie erregt du wirst, oder wie lange du dafür Ur-Kraft Tantra tantrischen Sex machst, gehst du zur nächsten Phase der Visualisierung weiter. *Aber erst, wenn du die totale Kontrolle hast*, und der einzige Zeitpunkt, an dem du einen Orgasmus hast, ist der, wenn du dich entscheidest, einen zu haben. Dies kann so gut wie keine Zeit in Anspruch nehmen, oder einen Tag, eine Woche, einen Monat oder auch ein Jahr. Jeder Mensch ist anders. Fühl dich nicht schlecht, wenn es eine Weile dauert – das sollte es und tut es normalerweise. Das ist *zum Teil* der Grund, warum du für die erste Stufe Training ein ganzes Jahr Zeit bekommen hast.

Nachdem du totale Kontrolle entwickelt hast, bezieht die nächste Phase von Stufe 1 mit ein, was du mit all dieser Energie tust, die du aus all ihren Orgasmen bekommst. Du willst ja kein Ausbeuter sein, der alles für sich behält und sie nur auslaugt. Du willst einen Kreislauf zwischen euch erschaffen. Einen zirkularen konstanten Energiefluss, der mit jedem ihrer Orgasmen an Kraft und Intensität zunimmt. Dies wird beide von euch zur selben Zeit füttern und nähren. Dieser Energiekreislauf, der mit ihrem Orgasmus beginnt, dringt dann in dich ein, und dann visualisierst du, wie er deine Wirbelsäule hochsteigt, hinauf und an deinem Hinterkopf herum, zurück an der Vorderseite deines Körpers hinunter zu deinem Penis, und von dort ihre Wirbelsäule hinauf, um ihren Kopf herum, zurück an ihrer Vorderseite hinunter, bis er ihre Vagina erreicht, und dann in dich zurück... Das vervollständigt einen Zyklus von dem Kreislauf und beginnt den nächsten. Du willst allerdings, dass dies ein kontinuierlicher Energiefluss ist, deshalb beendest du deine Visualisierung nicht mit dem Vervollständigen von nur einem Zyklus des Kreislaufs. Du musst es letztendlich weiterhin als einen konstanten Strom sehen, der niemals anhält. Zuerst allerdings wirst du es alles langsam visualisieren müssen, Schritt-für-Schritt, jeweils nur ein Stück von dem Kreislauf. Schlussendlich wirst du es als einen glühenden Energiefluss sehen, der weder Anfang noch Ende hat – nur EIN Fluss, der so ähnlich aussieht wie ein mittig gefaltetes Unendlichkeitssymbol, wenn man euch beide von der Seite betrachten würde.

Hetz dich allerdings NICHT selbst. Du musst es langsam angehen und musst die Visualisierungen und die anderen Aspekte deines Trainings gänzlich in deinen Verstand und in deine Programmierung einfließen lassen. Es muss letztendlich vollkommen integriert werden, automatisch, unterbewusst, überbewusst, etwas, das geschieht, auch wenn du nicht darüber nachdenkst oder keinen Ur-Kraft Tantra tantrischen Sex "praktizierst". Fürs Erste aber, während du bewusst und absichtlich die Energie mit deinem Verstand herumbewegst, wird es langsam von sich aus schneller werden. Eigentlich wirst du, wenn du es nur langsam praktizierst, nicht verhindern können, dass die Visualisierung mit der Zeit schneller wird, ganz von selbst. Aber es muss von alleine geschehen, von selbst, ohne dass du es erzwingst. Schlussendlich wird es so schnell, dass es so eine Art "mentale Lichtgeschwindigkeit" erreicht und EIN Fluss wird, EIN Kreislauf, der dich und deine Lebensgefährtin auf vielen Energieebenen EINS werden lässt. Während sich jene Ebenen bilden, wird sich sowohl deine Energie als auch dein Bewusstsein erhöhen.

Nun zu den Frauen

Ihr werdet im Wesentlichen die gleichen Visualisierungen machen wie euer Lebensgefährte (wie oben angegeben), nur eben umgekehrt. Zum Beispiel stellst du dir ganz am Anfang vor, dass du der Mann bist, der in seine Gefährtin, die Frau, eindringt. Und wenn du einen Orgasmus hast, wirst du dich selbst sehen, wie du in ihn hinein "ejakulierst", so als ob ein Mann einen Orgasmus mit einer Frau haben würde. Später wird sich dies dahingehend verändern, indem du visualisierst, dass du ihm NUR Energie injizierst.

Achte darauf, dass ihr beide über seinen Fortschritt redet und bei welcher Stufe der Visualisierung er gerade ist, sodass du die gleichen Visualisierungen zur gleichen Zeit machen kannst. Wenn irgendeine der Visualisierungen deine Orgasmen behindert, befass dich nicht mit ihnen, bis dass du keine Einschränkungen mehr hast.

Außer dafür empfindsam zu sein, ob dein Lebensgefährte kurz vor einen Orgasmus steht und ihm zu helfen, das zu verhindern, ist es eine von deinen Hauptaufgaben Orgasmen zu haben (ich weiß, es ist schrecklich, aber jemand muss es tun).

Allgemeine Tipps und Trainingsregeln – für Sie und Ihn

Wenn möglich, solltet ihr täglich Geschlechtsverkehr haben.

Traditionell darf der Mann im ersten Jahr des Trainings nur einmal im Monat einen Orgasmus haben (erinnere dich, du musst es nicht traditionell machen, du kannst die Zeitpunkte häufiger setzen – es ist aber unbedingt notwendig, dass du daran festhältst, was immer du auswählst, damit Selbst-Disziplin entwickelt wird und die Vorteile der Ausbildung realisiert werden).

Wenn es für den Mann Zeit ist, einen Ejakulationsorgasmus zu haben, ändern sich einige Dinge, und die Rollen vertauschen sich. Der Mann kommt obenauf und hat so schnell wie er auf natürliche Weise kommt einen Orgasmus, ungeachtet dessen, ob die Frau einen Orgasmus haben will oder hat. Genau wie im Tierreich. Das heißt nicht, dass die Frau keinen Orgasmus haben sollte, falls es während dieser kurzen Zeitdauer gerade "passiert". Es ist nur so, dass das nicht das Ziel sein sollte, während dieses einen Tages im Monat, in der Woche oder was auch immer, an dem die "männliche Orgasmuszeit" ist. Dies ist aus mehreren Gründen wichtig.

Sicher, es gibt der Frau eine Gelegenheit, selbst-aufopfernd zu sein, was eine positive Sache für sie sein kann. Aber das ist beileibe nicht der primäre Grund dafür. Der Hauptgrund ist, dass es die Tatsache bekräftigt (und die unterbewusste Programmierung bekräftigt), dass der Körper ein Tier ist. Wieso ist das wichtig? Ein Grund ist die Natur. Und Körper und Geist einander "gegenüberzustellen", ist ein anderer.

Ironischerweise, wenn dem Tier die Zeit gewährt wird, sich vollkommen natürlich zu verhalten, bekräftigt dies eigentlich weiterhin die Tatsache (und die Programmierung), dass wir spirituelle Wesen sind, die nur einen tierischen Körper *bewohnen und* ihn wie ein Vehikel *verwenden*. Es sendet die Botschaft, dass das spirituelle Wesen, das wir in Wirklichkeit sind, unser Inneres-Wesen, unsere Seele, unser Geist, totale Kontrolle über unser Leben hat – frei, um zu entscheiden, ob und wann das Tier seine Bedürfnisse erfüllen kann. Wir haben freien Willen. Wir sind frei, um Selbstsucht auszuwählen, Animalismus {Tierhaftigkeit}, Selbstnachgiebigkeit, Abgetrenntheit – ODER um unseren freien Willen auch mit höheren spirituelleren Kräften und Emotionen in Einklang zu bringen – einschließlich selbstloser Liebe und Gabe. Dies ist, was uns in Übereinstimmung bringen kann mit (zur Einsheit führen kann mit) dem Universum/Geist.

Unser traditionelles Training verstärkt das und lehrt dem Selbst/Tier, wer wirklich in Verantwortung ist. Es ist wie bei einem Hund, ihm einen Leckerbissen zu verweigern demonstriert nicht seine Ausbildung und Disziplin – wenn wir ihn aber einen Leckerbissen an die Nase halten können und ihn warten lassen können, bis dass wir sagen "OK", wird damit die Ausbildung und Disziplin aufgezeigt, welches die Transzension über die niederen Triebe demonstriert und beweist.

Zweites Trainingsjahr:

"Zweite Strophe, genauso wie die erste". Das Training im zweiten Jahr ist praktisch das Gleiche wie im ersten Jahr, mit der Ausnahme, dass der Mann anfängt, einmal in der Woche einen Orgasmus zu haben, anstatt einmal im Monat. Und natürlich werden die Disziplin, die emotionalen und spirituellen Fähigkeiten/Sensibilitäten, die während des ersten Trainingsjahres erworben wurden, inzwischen vorhanden sein, was die ganze Erfahrung anders und einfacher macht.

HÄUFIGE PROBLEME
DIE AUFTRETEN KÖNNEN:

1. Der Mann hat eine vorzeitige Ejakulation

2. Die Frau hat Schwierigkeiten mit Orgasmen

Häufige Ursachen:

Männer & Frauen:
Angst
Sexueller Missbrauch als Kind oder Erwachsener.
Schuldgefühl-Programmierung

Männer:
Mangel an Training
Leistungsangst (die Angst darüber einen vorschnellen Orgasmus zu haben, oder nicht lange genug durchzuhalten, damit die Frau einen Orgasmus hat)
Mangel an Selbst-Disziplin
Absichtlich dem Verlangen nach Orgasmus nachgeben

Frauen:
Dem Lebensgefährten nicht vertrauen
Für den Lebensgefährten nichts empfinden
Den Lebensgefährten nicht mögen
Sich dem Lebensgefährten oder sich spirituell nicht hingeben wollen
Weibliche Leistungsangst – die Angst davor, keinen Orgasmus zu haben

Lösungen:

Für Männer:

Entspannen
Selbstlose Liebe empfinden
Das Gefühl (das Wissen) zu haben, dass du nicht beurteilt wirst, wenn du es "verbockst" (kein Wortspiel beabsichtigt).
Loslassen von dem Schuldgefühl und es mit Wahrheit und Liebe ersetzen.

Loslassen von der Angst, sie mit Mut ersetzen – auch den Mut haben, schlecht auszusehen oder schlecht zu performen. Du musst dir keine Sorgen machen, wenn du schlecht performst, solange du nicht mit Absicht Orgasmen hast. Du trainierst ja. Wie würdest du performen, wenn du noch nie in deinem Leben einen Ball getroffen hättest und anfangen würdest mit den Yankees {New Yorker Baseball-Team} zu trainieren und aufstehen müsstest, um ihn auf Anhieb abzuschlagen?

KOMMUNIKATION. Sprich mit deiner Lebensgefährtin über alles, insbesondere über deine Gefühle. Wenn du keine gute Kommunikation hast und eine nicht verurteilende Partnerin, solltest du besser damit anfangen, denn du wirst keine gute spirituelle Beziehung entwickeln und kein spirituelles Wachstum erlangen, wenn diese fundamentalen Beziehungsgrundlagen nicht vorhanden sind und funktionieren. Das Gleiche gilt für den Umgang mit deiner Partnerin, falls *sie* Schwierigkeiten hat.

Geduld, Kommunikation, selbstlose Liebe, Akzeptanz, Freundlichkeit – sind alle fundamental. Wenn deine Lebensgefährtin mit sich selbst beschäftigt ist und sich mehr mit ihren Orgasmen befasst als mit deinem Training und wie du dich fühlst, dann braucht ihr Beziehungsberatung, und wenn das nicht funktioniert, musst du vielleicht jemanden finden, der sich auch um dich kümmert. Beziehungen sind kein Geben und Nehmen – das hat noch nie funktioniert. Eine, die gut ist, glücklich, harmonisch, und die funktioniert, ist eine, die Geben & Geben ist. Wenn jeder von euch hin und wieder, ohne es zu wollen oder zu verlangen, am nehmenden Ende ist – ist das die Art & Weise, wie eine gute Beziehung funktioniert.

Für Frauen:

Sei mit dir selbst verständnisvoll und einfühlsam, wenn du Schwierigkeiten hast, Orgasmen zu haben. Das kommt sehr häufig vor. Es kann viele Gründe dafür geben, und wenn das, worüber wir hier diskutieren, nicht hilft, solltest du vielleicht in Betracht ziehen, professionelle Hilfe zu bekommen. Probleme können von Missbrauch in der Kindheit kommen, von Schuldgefühl-Programmierung, von einem Mangel an Sensibilität seitens deines Lebensgefährten, von einem Mangel an Vertrauen oder von einer Unwilligkeit, dich entweder deinem Lebensgefährten oder Gott hinzugeben. Du hast vielleicht gute Gründe, deinem Lebensgefährten nicht zu vertrauen und dich ihm nicht hingeben zu wollen.

Aber du hast keinen guten Grund, dich dem Universum/Geist nicht hinzugeben. Und schließlich geht es ja genau darum -- für euch beide. Doch wenn du eine schlimme Beziehung hast, wirst du sie auflösen müssen oder musst eine gute finden. Dies ist für Frauen ein Problem, das Männer nicht haben. Die meisten Männer (ohne ernsthafte psychologische Probleme oder altersbedingte Beeinträchtigungen) können mit jeder Sex haben und einen Orgasmus haben. Aber etwas, das in den Orgasmusfaktor für die meisten Frauen mit einfließt, ist das Gefühl von Vertrauen, von Fürsorge, zu wissen, dass sie umsorgt werden, um Gefühle von Offenheit und Hingabe zu haben, welche in den gesamten Aufbau ihrer Orgasmen und orgasmischen Fähigkeiten mit einfließen. Das gilt natürlich nicht für jede, aber es ist eine

Allgemeingültigkeit, die auf die meisten zutrifft – insbesondere auf diejenigen, die Schwierigkeiten mit Orgasmen haben.

Sicher, da gibt es "Aufwärm-" und Zeitdauer-Faktoren – wie lange ein Mann durchhalten muss, bevor du einen Orgasmus haben kannst, und andere Faktoren. Aber im Allgemeinen, in einer guten Beziehung, ist jede Interaktion, die du mit deinem Partner hast, ein Vorspiel, die ganze Zeit über. Und je besser die Beziehung, umso orgasmischer wirst du sein, und umso schneller wirst du zum Orgasmus kommen.

Wie auch immer, unter der Annahme, dass es eine gute Beziehung ist, "versetze deinen Verstand" einfach in einen Modus des Entspannens und Genießens – nicht "versuchen". Entweder tun oder nicht tun. Übe KEINEN Druck auf dich aus oder "versuche nicht" einen Orgasmus zu haben. Das schlägt normalerweise fehl. Wenn du loslässt, dich entspannst, dich dafür begeisterst, dich auf die Gefühle der Liebe fokussierst und sie genießt, die Intimität, und die Empfindungen des Vergnügens, wirst du eher einen Orgasmus haben, als wenn du "versuchst" oder "dich darauf konzentrierst", einen Orgasmus zu haben.

Wenn es für dich nötig ist, dich animalisch zu fühlen, Leidenschaft zu empfinden, Lust etc., um dich zu öffnen und in Wallung zu kommen, dann mach das. Du musst diesen Teil deines Körpers und die unteren Chakra-Energien am Arbeiten haben, bevor du mit den höheren arbeiten kannst. Daran gibt es nichts auszusetzen. Außerdem, abgesehen vom Überwinden irgendwelcher Programmierung oder psychologischer Probleme, die sich vielleicht nachteilig auf deine Fähigkeit auswirken Orgasmen zu haben, möchtest du vielleicht dazu beitragen, dein Lustempfinden selbst zu stimulieren und zu intensivieren. Selbst-Stimulation, Vibratoren etc., sind alles Dinge, deren Anwendung OK ist, wenn du sie brauchst – verdammt, sie können auch Spaß machen, wenn du sie nicht brauchst. Wenn du damit ebenfalls ein Problem hast, dann hast du andere Programmierungsblockaden, die auch behandelt werden müssen. Was deine "bessere Hälfte" angeht – wenn du dich beim Anwenden der zusätzlichen Stimulation wohlfühlst, aber dein Lebensgefährte nicht möchte, dass du es tust, weil er eifersüchtig ist oder sich bedroht fühlt (unsicher ist), solltest du es mit ihm ernsthaft diskutieren, denn dieses ganze Programm wird weder für ihn *noch* für dich funktionieren, wenn du nicht orgasmisch bist – UND wenn er so selbstsüchtig und verschlossen ist. Und außerdem bedeutet so eine bedrohte Einstellung auch, dass du andere Beziehungsprobleme hast, die Tantra nicht heilen wird. Sicher, er kann nach wie vor trainieren, um seine Orgasmen zu kontrollieren, kann seine Lust überwinden und auf diese Weise spirituellen Fortschritt machen, und ihr könnt beide den Energiekreislauf visualisieren etc., du wirst aber nicht dieselben Energien einfließen lassen, so wie das der Fall sein würde, wenn du Orgasmen hättest – und selbstlose Liebe füreinander fühlen würdest. Und wenn du keine Lust hast, dich hinzugeben und mit ihm eins zu werden, wird es auch den ganzen Sinn & Zweck der spirituellen Sexualität behindern.

Vergiss nicht, was ich im Lösungsabschnitt für Männer gesagt habe. Vieles davon gilt auch für dich. Und außerdem, wenn du verurteilend bist oder ihn sich schlecht fühlen lässt, weil du keinen Orgasmus hast oder er nicht lange genug für dich durchhält, um einen Orgasmus zu haben, wird es Leistungsangst erzeugen und das Problem für euch beide verschlimmern.

Wenn die oben genannten Vorschläge nicht helfen oder einer von euch ernsthafte sexuelle Probleme oder Beziehungsprobleme hat, solltet ihr eine Beziehungsberatung in Anspruch nehmen. Falls es nur ein Problem bei dem einen oder anderen von euch ist und es nicht gelöst werden kann, solltest du vielleicht erwägen, dass du "weiterziehst" und jemanden findest, bei dem du dich wahrlich wohlfühlen kannst und mit dem du auf allen Ebenen eine intime Beziehung aufnehmen kannst.

Die weniger Typischen Probleme:
Frauen werden von einer tollen sexuellen Erfahrung negativ.

In seltenen Fällen erfahren manche Frauen Negativität oder werden am nächsten Tag "zickig", nachdem sie tollen Sex hatten. Das kommt daher, weil die Orgasmen ihre selbstsüchtige Natur füttern und nur der Selbst-Nachgiebigkeit dienen. Etwas, das viele von uns schon beobachtet haben, das man vielleicht als Beispiel heranziehen kann, ist ein Kind, welches bei einem Tag in Disneyland zu viel selbstgefälliges Vergnügen bekommt – sie werden manchmal sehr negativ. Dasselbe kann mit Frauen passieren, denen Tantra sehr viel Vergnügen bereitet – was dann den selbstgefälligen, "die Selbstsucht fütternden" Teil von ihnen einnimmt. Somit wird die negative, selbstsüchtige Natur genährt und verstärkt, anstatt das, was eigentlich passieren sollte – das genaue Gegenteil – nämlich die gebende Natur, den Geist, zu nähren und sich der selbstsüchtigen, suchterzeugenden Natur zu verweigern.

Falls das passiert, versuch damit zu arbeiten. Sei disziplinierter und konzentriere dich mehr auf das Lenken deiner Ur-Kraft Tantra Sexualpraktik, damit es eine spirituelle, selbstlos liebende Erfahrung wird. Konzentriere dich beim Tantra darauf. Wenn das nicht funktioniert, was äußerst, äußerst selten ist, dann könnte normales, herkömmliches Zölibat der Pfad sein, den du brauchst.

Der Weg nach Shambhala – der Ultimative Vorteil von Ur-Kraft Tantra

Das Praktizieren von Ur-Kraft Tantra, zusammen mit anderem nicht-sexuellen spirituellen Training, kann dir sogar helfen, das zu erlangen, was manche als Erleuchtung bezeichnen, als Universales Bewusstsein oder Nirwana, Satori, Samadhi oder wie auch immer. Es ist sowas wie das Ergebnis einer bewussten "Nahtod"-Erfahrung, bei der du eine Realisierung hast von deiner Einsheit mit dem Universum, und wie das Leben für immer weiter geht.

Tantra Produkte, die dich interessieren könnten:

CDs:

Wir haben ein ganzes Sortiment an CDs, die sich hervorragend für Sex/Tantra eignen. Manche der Instruktions-/Trainings-CDs sind nach dem Motto "tu es, während du zuhörst" und können ebenso für eine tiefere meditative Erfahrung verwendet werden, und andere erzeugen "Stimmungen"/exotische erotische Atmosphären, damit du dir Fantasievorstellungen machen kannst, als hättest du Sex am Strand, in den Wäldern etc.

Unsere CDs mit geführten Visualisierungen helfen dir dabei, Sex, Tantra oder tantrische Ur-Kraft Sexpraktik zu erlernen oder zu verbessern, wenn du dich dazu entschließt, diese Route zu nehmen. Auf einer CD läuft klassische Musik im Hintergrund (einschließlich Ravel's Bolero – berühmt, um dazu Sex zu haben und einst von Universitäten verbannt, weil er "verführerisch" eingesetzt wurde). Die andere CD hat wissenschaftlich erstellte "Vibrationsklänge" im Hintergrund, um dabei zu helfen, einen tieferen, unterbewussten meditativen Zustand einzuleiten.

Bücher:

Die einzelnen Booklets aus der Serie über spirituelle Sexualität sind auch als E-Books verfügbar. Sie sind auch für das "PalmReader"-Format {.pdb} verfügbar (wir haben in der Zukunft vielleicht einen Exklusivvertrag mit Palm, deshalb solltest du ihre Website dahingehend überprüfen).

Wenn du nach Antworten suchst, welche "Sinn machen" in Bezug auf Fragen über das Leben, über Gott, die Schöpfung, den Grund für unsere Existenz, über das, was auf uns zukommt, was wir tun können, um unsere Leben zu verbessern und das Leben anderer, und vieles mehr, empfehlen wir dir, dass du http://www.atlantis.to [nicht ".com"]) besuchst.

Das Buch "The Children of the Law of One & the Lost Teachings of Atlantis" ist in den meisten Buchhandlungen {in den USA} erhältlich, allerdings bleibt mehr Geld in unserem Orden, wenn du es direkt von der Website oder über die gebührenfreie Telefonnummer erwirbst (800-845-7991) Jeder, der sich für das Buch interessiert, kann online kostenlos Kapitel davon lesen. Kostenlose Meditationsanweisungen werden ebenfalls online angeboten. Wenn du dich für irgendwas davon interessierst, für Tibetische Yoga-Videos, Seminare, "Mönch für einen Monat" Programme, für die verblüffenden Vibrationsklänge & Musiktherapie oder andere Hilfsmittel für Körper-Verstand-Geist, schau bitte auf die Website.

Kontakt Info:
Für die Website Tantra, tantrischer Sex (Hilfsmittel, CDs mit geführten Meditationen {guided CDs}, Musik für Tantra, Seminare, Workshops, Lehrer-Zertifizierung, Links etc.):
Website: http://www.at-tantra-tantric-sex.com {A.d.Ü. Diese Seite ist nicht mehr online}. E-Mail: info@at-tantra-tantric-sex.com

Für Meditation und Information zu spirituellem Wachstum und zu Hilfsmitteln:

Website: http://www.atlantis.to (nicht ".com"). E-Mail: kind@atlantis.to .

Bestelltelefon: 800 845-7991

Postanschrift nur über:
Windsor-Hill Inc.
7450 W. 52nd Ave. #M241
Arvada, CO 80002

Anmerkung des Übersetzers:

Jon's Bücher/eBooks können auch über folgende Adressen bezogen werden.

Die Originalausgaben auf Englisch – www.lulu.com/spotlight/thegoldenrule

Meine Übersetzungen ins Deutsche – www.lulu.com/de/spotlight/shirleygracey

PS: Seit Kurzem gibt es auf YouTube auch den Livemitschnitt eines Interviews (suche nach Jon Peniel), das der Autor dieser Bücher/Booklets damals (irgendwann zwischen 98 und 2001) bei Jeff Rense gab.

Ingram Content Group UK Ltd.
Milton Keynes UK
UKHW010719130623
423368UK00001B/17